문학과지성 시인선 395

기억의 행성

조용미 시집

문학과지성사

문학과지성사에서 펴낸 조용미의 시집

삼베옷을 입은 자화상(2004)
나의 별서에 핀 앵두나무는(2007)
당신의 아름다움(2020)

문학과지성 시인선 395
기억의 행성

초판 1쇄 발행 2011년 7월 26일
초판 6쇄 발행 2022년 12월 26일

지 은 이 조용미
펴 낸 이 이광호
펴 낸 곳 ㈜문학과지성사
등록번호 제1993-000098호
주   소 04034 서울 마포구 잔다리로7길 18(서교동 377-20)
전   화 02)338-7224
팩   스 02)323-4180(편집) 02)338-7221(영업)
전자우편 moonji@moonji.com
홈페이지 www.moonji.com

ⓒ 조용미, 2011. Printed in Seoul, Korea

ISBN 89-320-2218-5 03810

이 책의 판권은 지은이와 ㈜문학과지성사에 있습니다.
양측의 서면 동의 없는 무단 전재 및 복제를 금합니다.

지은이는 2011년 한국문화예술위원회가 지원한 창작지원금을 수혜했습니다.

문학과지성 시인선 395
기억의 행성

조용미

2011

시인의 말

이 우주는 해와 달이 반반
춘분은 낮과 밤의 길이가 반반
인간은 물고기와 새의 운명이 반반
내 발 밑은 나와 나 아닌 것이 반반,

이 불완전한 세계가 나는 마음에 든다.

2011년 7월
조용미

기억의 행성

차례

시인의 말

제1부

가을밤　9
소리의 거처　10
물소리에 관한 소고　12
층층나무의 계단　14
오후의 세계　16
초록을 말하다　18
여름 숲　20
얼룩　22
기억의 행성　24
나의 매화초옥도　26
어두워지는 숲　28
적벽에 다시　30
천장을 바라보는 자는　32
어딘가 다른 곳에서　34

제2부

헛되이 나는　39

사이프러스　40
미학적 인간에 대한 이해　42
작열하다　44
봄비　46
북　49
나비 떼의 추락으로 폭우가 멈추었다　50
탐매행　52
무릎을 예찬함　54
능소화　56
불안의 운필법　58
곡옥　60
일주문　62

제3부

풍경의 해부　67
연둣빛 덩어리　68
분홍을 기리다　70
송과선, 잠　72
야위다　74
정강이論　76
양귀비를 기르다　78
맹목의 감각　79
십일월, 배밭을 지나다　80
강정 간다　82
물에 비친 버드나무 가지의 그림자　84

악기들　86
흰 꽃의 극락　88

제4부

터널　93
일식의 주기　94
당신의 손　96
하늘의 무늬　98
무계동　100
계단　102
허공의 악기　104
생에 처음인 듯 봄이　106
소리의 사다리　108
메밀꽃이 인다는 말　110
冬至　112
墨白　113
물속의 빛　114

해설 | 미학적 인간 · 신형철　116

제1부

가을밤

    마늘과 꿀을 유리병 속에 넣어 가두어두었다 두 해가 지나도록 깜박 잊었다 한 숟가락 뜨니 마늘도 꿀도 아니다 마늘이고 꿀이다

    당신도 저렇게 오래 내 속에 갇혀 있었으니 형과 질이 변했겠다

    마늘에 緣하고 꿀에 연하고 시간에 연하고 동그란 유리병에 둘러싸여 마늘꿀절임이 된 것처럼

    내 속의 당신은 참 당신이 아닐 것이다 변해버린 맛이 묘하다

    또 한 숟가락 나의 손과 발을 따뜻하게 해줄 마늘꿀절임 같은 당신을,

    가을밤은 맑고 깊어서 방 안에 연못 물 얇아지는 소리가 다 들어앉는다

소리의 거처

비 오는 숲의 모든 소리는 물소리다

숲의 벚나무 가지들이 검게 변한다 숲 속의 모든 빛은 벚나무 껍질 안으로 빨려 들어간다

흑탄처럼 검어진 우람한 벚나무를 바라보고 있으면 숲에서 사라진 모든 소리의 중심에는 그 검은빛이 은밀히 관여하고 있음을 알게 된다

마른 연못에 물이 들어차고 연못에 벚나무와 느티나무의 검은 가지와 잎과 흐린 하늘 몇 쪽과 빗방울들이 만드는 둥근 징소리의 무늬들 가득하다

계류의 물소리는 숲을 내려가는 돌다리 위에서 어느 순간 가장 밝아지다가 뚝 떨어지며 이내 캄캄해진다

현통사 齋皿堂의 月자가 옆으로, 누워 있다 계곡 물소리에 쓸린 것인지 물 흐르는 방향으로 올려 붙은

달, 물에 비친 달도 현통사 옆에선 떠내려갈 듯하다

비 오는 날 숲의 모든 소리는 물소리 뒤에 숨는다

물소리에 관한 소고

물소리가 높다 낮다 밝다 어둑하다 짙다 옅다 깊다 얕다 두껍다 얇다 거칠다 부드럽다 촘촘하다 드문드문하다 고요하다 요란하다 쟁쟁하다 아늑하다……
고요하다와 쟁쟁하다가 가장 마음에 든다

일정한 리듬이 변주되고 되풀이되는 물소리의 화음은 보아서도 들리고 들어서도 보이겠지만
저 음표들을 속속들이 손바닥에 다 옮겨놓을 수는 없다

내 몸속 세포의 흐름이 저 물소리의 우주적 운율과 다르지 않아 또 몸에 귀 기울여야겠구나
이젠 몸을 떠나서 무엇을 할 수 있고 무엇을 알 수 있겠나 묻지 않는다

물소리가 최대치로 밝아올 때 내 귀가 틔었다
소리에도 빛과 어둠이 있다는 걸, 그늘이 있다는 걸 알게 되었을 때 빛과 어둠이 교차하는 지점에서

물소리는 몸의 실핏줄을 통과해 다른 음색과 리듬으로 미묘하게 바뀐다
　내 게으른 궁리가 마침내 저 물소리의 음영화법을 파악하게 되었을 때

층층나무의 계단
── 동호정

계곡의 층층나무는 초록 음계의 높고 낮은 한 계단의 어디쯤에서 저 혼자 꽃을 층층 피우고 있다
  초록에 빨려 들어 나른한 흰 꽃들은 연둣빛 층계의 밝은 부분,

  층층나무가 만들어낸 계단 맞은편 동호정에 물빛 바람이 불면
  이 층 누각의 화려 장엄한 단청은 어떤 미묘함을 말하려 하는가

  저 녹색 물빛은 단청에서 흘러나온 것인지 계자난간 안의 알 수 없는 일렁임은
  우물천장의 연꽃과 학과 물고기를 물고 있는 용과 화반에서 비롯된 것일까

  연둣빛 바람이 모여 있는 추녀의 아슬아슬한 네 귀를 활주가 받치고 있다
  누각의 날개를 붙잡고 있다

흰 너럭바위에 새겨진 영가대 금적암 차일암은 옛사람들 노래 부르고 악기를 연주하던 곳
　달빛 아래 담녹색 근심과 숨결이 오래 어룽대던 곳

　연둣빛 칸칸 계단을 지나 가물거리는 눈빛 애써 거두고 층층나무의 초록을 뒤로하면
　나의 시선에서 벗어난 동호정은 막 날개를 펼치고 누각 울퉁불퉁한 기둥들까지 들어 올려 물빛 달빛과 함께 맘껏 노닌다

오후의 세계

토마토는 부드럽게 잘린다
토마토의 한쪽 붉은 살이 웅크리고 있다
푸른 씨와 한데 엉겨 붙어 있는
불그레한 덩어리들

접시 위에 토막난 토마토는
한쪽으로 비스듬히 기울었다

오후는 나뭇잎들이 바람을 이리저리
뒤집었다 바로 놓았다 한다

칼이 지나가는 자리에 토마토가 가지런하다
토마토의 붉은 속이 미세하게
나뭇잎처럼 흘러내린다

차가운 심장이 파랗게 엎드리고 있는
토마토는 싱싱하다
푸른 씨를 가득 물고 조용히 뛰고 있다

짙은 초록 이파리에 마구 엉겨 있는 바람의 부레들이
줄기마다 헤엄쳐 다니며 반짝인다

토마토의 붉고 푸른 살과 뼈 사이를
실처럼 이어주는 흰 혈관들은
나무의 심장처럼 고요하게 뻗어 있다

우듬지의 나뭇잎들이 꺾일 듯 휘어진다
수만 결의 바람이 뒤집히며 일제히 파닥인다
비스듬히 썰린 채 흘러내리는 과육들,
토마토는 부드럽게 상한다

초록을 말하다

초록이 검은색과 본질적으로 같은 색이라는 걸 알게 된 것이 언제였을까
검은색의 유현함에 사로잡혀 이리저리 검은색 지명을 찾아 떠돌았던 한때 초록은
그저 내게 밝음 쪽으로 기울어진 어스름이거나 환희의 다른 이름일 뿐이었는데

한 그루 나무가 일구어내는 그림자와 빛의 동선과 보름 주기로 달라지는 나뭇잎의 섬세한 음영을 통해
초록에 천착하게 된 것은 검은색의 탐구 뒤에 온, 어쩌면 검은색을 통해 들어간 또 다른 방
그 방에서 초록 물이 들지 않고도 여러 초록을 분별할 수 있었던 건 통증이 조금씩 줄어들었기 때문

초록의 여러 층위를 발견하게 되면서 몸은 느리게 회복되었고 탐구가 게을러지면 다시 아팠다
러시아 인형 마트료시카처럼 꺼내어도 꺼내어도 새로운 다른 초록이 나오는,

결국은 더 갈데없는 미세한 초록과 조우하게 되었을 때의 기쁨이란

　초록은 문이 너무 많아 그 사각의 틀 안으로 거듭 들어가기 위해선 때로
　눈을 감고 색의 채도나 명도가 아닌 초록의 극세한 소리로 분별해야 한다는 것,
　혹이 내게 초록을 보냈던 것이라면 초록은 또 어떤 색으로 들어가는 문을 살며시 열어줄 건지

　늦은 사랑의 깨달음 같은, 폭우와 초록과 검은색의 뒤엉킴이 한꺼번에 찾아드는 우기의 이른 아침
　몸의 어느 수장고에 보관해두어야 할까
　내가 맛보았던 초록의 모든 화학적 침적을, 오랜 시간 통증과 함께 작성했던 초록의 층서표들을

여름 숲

진범, 오독도기나 백부자라고도 불리는
오리가 무리 지어 하늘로 오르는 듯한 모양을 한
유독성의 저 연한 자줏빛 꽃을
팔월의 금대봉 깊은 골짜기 숲 그늘에서 처음 만났다

보랏빛 꽃들은 그 안에 고대의 궁전처럼 수많은 회랑과 방을 가지고 있다 그 많은 방의 문 앞에 여러 번 서보았으나 한 번도 안으로 들어가보지는 못한, 문을 열고 들어가면 보랏빛이 변해버리기라도 할 듯 망설여지는 그 문들의 손잡이는 모두 안으로 나 있었다

천남성과 함께 사약으로 쓰였던, 놋쇠로 만든 젓가락을 음식에 넣어 색이 변하면 독이 있음을 알게 되었다는 놋젓가락나물 역시 푸른빛이 도는 보랏빛이다

보랏빛 꽃들, 삶의 바깥으로 한번 슬쩍 나가보라고 권하는 보랏빛 꽃들이 사방 천지에 가득한 한여름 숲

은 온통 어둑한 그늘로 뒤덮여 있다 올여름은 어쩐 일인지 문의 손잡이도 밖으로 나 있다

얼룩

우리의 피는 무슨 色인가
목에서 흰 피가 솟구치고 캄캄한 천지에서 꽃비가 내렸다는 죽음도 있지만
어쩐지 당신도 한때 따뜻한 초록 피를 가졌을 것만 같다

色에 대한 학습에서 벗어난 지 얼마 되지 않았는데 아무래도 피는 붉어야 하지 않겠느냐며 당신은 내게 자꾸 충고한다
내가 맛본 강력한 피의 기억은 분명한 검은색,

피부에 갇혀 얼음장 같은 살갗의 아래에서 그것은 한동안 몸 안에 고여 있다 천천히 식어가다가 어느 순간 역류했다
꾸역꾸역 올라오는 검은 덩어리들은

숨겨진 붉은 얼룩들의 기억으로 검게 변해버렸다
모든 상처는 왜 內傷이 되고 마는 걸까 붉은색과

검은색의 심연이 죽음이거나 비애인 것은 얼룩 때문이다

 빗방울이든 눈물이든 떨어지면 얼룩이 되고 마는 만유인력이 투명한 화석을 만든다
 물이 바위를 뚫듯 빗방울이 대지를 푸르게 뚫는다

 당신의 피는 변함없이 차갑고 어두운 붉은색이어서 안전하겠지만
 커다란 얼룩 때문에 내 몸은 천천히 어두워지고 있다
 나도 한때 다른 色의 상처를 가졌던 적이 있다

기억의 행성

　기억이라는 혹은 추억이라는 이름의 그 대리석 같고 절벽 같은 견고함을 아시는지요 기억은 금강석처럼 단단합니다 견고한 모든 것은 대기 속에 녹아 사라지고 신성한 모든 것은 모욕당한다 했던가요 기억은 물이 되어 호수가 되고 바다가 되고 우리가 양육해온 모든 별들은 결국 부수어지고 말겠지요

　기억은 지구를 반 넘어 채우고 있습니다 지구는 기억의 출렁이는 파란 별, 지구는 기억이 파도치는 행성, 지구의 정체는 바로 인간의 기억입니다 빙산이 녹아 해마다 기억의 수위가 높아집니다 기억이 뛰어오르거나 넘쳐나는 것을 막기 위해 강에는 얼음이 덮이지요

　수증기가 끊임없이 대기권 밖으로 빠져나가도 지구의 기억이 줄어들지 않는 이유가 무엇이겠습니까 바다나 육지에서 증발한 기억은 구름이 되고 비와 눈이 되어 내리고 또 구름이 되고 바다로 가 다시 빗물이

되어 지상으로 스며듭니다 얼마나 많은 기억들이 대기 중에 흐르고 있는지요

기억은 영상 4도에서 가장 무겁기 때문에 한겨울에도 온갖 기억의 파편들은 굳어버리지 않고 얼음장 밑에서 헤엄쳐 다니며 살 수 있습니다 기억은 지구에서 가장 풍부한 자원입니다 그러므로 지구를 기억의 행성이라 부르지요

그러나 지구 전체의 기억은 많지만 우리가 쓸 수 있는 기억은 극히 적다는 사실을 알아야 합니다 기억의 행성 지구는 사실 기억이 얼마 남지 않았지요 그 견고한 기억도 대기 속에 사라지고 신성한 지구만 우주의 기억 속에 남게 될 날도 머지않았습니다 지구는 결국 변형된 기억으로 남게 된다는 것을 어쩌면 우리는 아주 모르고 싶은지요

나의 매화초옥도

눈 덮인 산, 무거운 회색빛 하늘, 초옥에서 창을 열어두고 피리를 불며 앉아 있는 선비의 시선은 먼 데 창밖을 향하고 있다.

어둑한 개울에 놓인 다리를 밟고 건너오는 사내는 어깨에 거문고를 메고 있다

멀리서 산속에 있는 벗을 찾아오고 있다 방 안의 선비는 녹의를 그는 홍의를 입고 있다

초옥을 에워싸고 매화는 눈송이가 내려앉듯 환하고 아늑하다

매화를 찾아, 마음으로 친히 지내는 벗을 찾아 봄이 오기 전의 산중으로 발걸음을 내딛었다

생겨나고, 부유하고, 바람의 기운 따라 천지간을 운행하는 별처럼 저 점점이 떠 있는 흰 매화에서

우주의 어느 한순간이 멈추어버린 것을, 거문고를 메고 가는 한 사내를 통해 내가 보았다면

눈 덮인 산은 광막하고 골짜기는 유현하여 그 속에 든 사람의 일은 참으로 아득하구나

천 리 밖 은은하게 번지는 서늘한 향을 듣는 이는 오직 그대뿐

밤하늘의 성성한 별들이 지듯 매화가 한 잎 한 잎 흩어지는 봄밤, 천지간의 구분이 모호해진다

나는 그림 속 사람이 된다 별빛이 멀리서 오듯 암향도 가깝지 않다

어두워지는 숲

숲은 어둠의 기미로 달콤하다

잣나무 숲으로 난 오솔길은 내 얼굴을 빌려 저녁이 뿌리는 물뿌리개의 물방울들을 촘촘히 다 들이마신다

나뭇잎 사이마다 어둠이 출렁여도 밖으로 난 숲길 한쪽은 아직 환하다 연한 어둠의 파란에 둘러싸여 나는 몸에 천천히 붕대를 감는다

당신도 언젠가 이 숲에 왔을 것이다
숲은 폭풍의 예감으로 일렁이고 있다

당신도 이 숲에서 심장을 움켜쥐어보았을 것이다
바람이 손바닥의 붉은 꽃잎들을 날려버렸을 것이다

숲이 어두워지는 것이 내 몸의 어둠 때문이라고 말하지 않겠다 물감이 풀리듯 어두워지며 흘러내리는 시간들.

오랜 격정으로 숲이 대낮에도 어둠을 불러들이곤 했다는 걸 당신은 알지 못하리라

당신도 여기 서 있었을 것이다
혈우병에 걸린 고래처럼 단 한 번의 상처로 멈추지 않는 피를 오래 흘리며 흰 붕대를 붉게 물들였을 것이다

어둠으로 회오리치는 붉은 숲은,

적벽에 다시

적벽 오고 말았습니다, 물염정 아래 호수의 물은 말라 수면이 여러 겹 물염적벽 아래 떠다닙니다 당신은 흐르는 강물 따라 다녔겠지요 망향정에 와 노루목적벽 마주 보며 흔들리듯 서 있으니 수수만년 전의 당신이 나를 여기 보냈다는 걸 알겠습니다 적벽 와서야 허전한 한 목숨 겨우 이어 붙였다는 느낌은

나는 가장 맑은 눈으로 적벽 보려 합니다 물염적벽, 노루목적벽, 망미적벽, 창랑적벽, 이서적벽…… 적벽의 이름들 안타까이 구슬처럼 입안에서 꿰어봅니다 무덤에 업힌 듯 박혀 있는 부서지고 나뒹구는 석탑이 절터임을 말해주지만 호수의 물과 파헤쳐진 대숲의 어두운 그림자들이 기억을 방해하고 간섭합니다

당신도 한동안 적벽의 풍경을 몸 안에서 구하였던 것은 아니겠지요 어느 생에선가 미묘란 무엇이냐 물었더니 당신은, 바람이 물소리를 베갯머리에 실어다 주고 달이 산 그림자를 잠자리로 옮겨준다* 말했습니다 여러 생을 통과하면서 혹 미묘가 맑아져 표묘가

되기도 하였는지요

 찬연함이 얇아져 처연함이 되는지 나는 이 시간에 오롯이 놓여 적벽에 쓸쓸히 물어봅니다 내 몸을 입고 나온 어떤 이도 적벽 흐르는 강물 바라보며 미묘와 표묘를 아득한 눈빛으로 중얼거리게 되는지요 수수만년 전 적벽을 보았던 게 누구인지 이제는 알 수 없게 되어버렸습니다

 어느 생에선가 나는 다시 적벽 와야 하겠지요 흐르는 구름과 적벽에 물드는 단풍을 바라보며 오래 거듭되는 幻의 끝을 물으며 서 있어야겠지요 후생의 어디쯤에서 나는 나를 알 수 있을까요 풍문도 습관도 회환도 아닌 한 사람의 지극한 삶을, 향기와 음악처럼 두루 표묘하여 잡을 수도 알 수도 없는 간결한 한 생을 말입니다

　* 『벽암록』에서 인용

천장을 바라보는 자는

 내가 바라보았던 천장의 무늬와 색깔과 온도를 모두 다 떠올릴 수 있을까
 천장을 보며 보냈던 시간들은 우물을 들여다보며 보냈던 시간과 같아
 내가 보았던 것은 하늘의 우물이라고 말할 수밖에

 열리지 않는다 천장은
 門이 아니므로
 늘 닫혀 있다

 뚫고 나갈 수 없다,
 열고 나갈 수 없다
 천장은 열리지 않는 뚜껑이므로

 천장과 바닥 사이에
 門이 있다
 門은 언제나 가까운 곳에 있다

내가 알고 있는 천장에 대해서라면 아직 빛깔과 밝기와 표정들에 대해 모두 말할 수 있겠다
　천장을 보며 보냈던 시간들은 우물이 말라가는 시간과 같아
　내가 보았던 것은 우물에 핀 이끼가 저희들끼리 한 세계를 이루었다 천천히 거두어들이는 미세한 풍경의 일지였다고 말할 수밖에

어딘가 다른 곳에서

    이 시간 내가 아닌 다른 사람이 오랜 철학적 물음에 마침내 해답을 얻는다

    이 시간 어딘가 다른 곳에서 천둥이 울리고 푸른 밤하늘에 흰 실핏줄이 마구 터지면 이곳에 압정 같은 비가 쇳내를 뿜으며 땅바닥에 떨어진다

    이곳의 원인은 저곳에 있다는 새로운 이론은 하루가 지나자 낡아버리고 기나긴 각주를 곁들인 치밀하고 빈틈없는 참고 문헌들만 즐비하다

    누군가 거꾸로 나오는 아이를 낳으며 피를 쏟는다 어딘가 다른 곳에서 이 시간 반은 음지 들고 반은 따뜻한 날에 천천히 평화롭지 않은 죽음을 맞이한다

    이 시간 내가 아닌 다른 사람이 무쇠 같은 뼈마디를 움직여 너울너울 춤을 춘다

어딘가 다른 곳에서 내가 이루어지고 있다는 느낌이, 어딘가 다른 곳에서 나에 대한 참고 문헌이 완성되고 있다는 느낌이

몸에 대한 편견 없이 어떻게 인간을 이해할 수 있겠는가는 물음은 너무 오래되었으므로,

어딘가 다른 곳에서 누군가 끊임없이

제2부

헛되이 나는

헛되이 나는 너의 얼굴을 보려 수많은 생을 헤매었다
거듭 태어나 너를 사랑하는 일은 괴로웠다

위미리 동백 보러 가 아픈 몸 그러안고서도, 큰엉
해안이나 말미오름에서도, 빙하기 순록과 황곰 뼈의
화석이 나온 빌레못동굴 앞에까지 와서도 나는 이렇
게 중얼거린다

저 멀구슬나무나 담팔수, 먼나무가 당신과 아무 상
관없다고 확신할 수 없는 이 생이다
너에게 너무 가까이도 멀리도 가지 않으려고

헛되이 나는, 이 먼 곳까지 왔다

사이프러스
나무는 풍경을 길들인다─장 그르니에

사이프러스는 마치 이집트의 오벨리스크처럼 균형 잡힌 아름다운 나무라고 고흐가 말했을 때 그는 저 나무를 빛과 색채로 감각함과 동시에 균형으로 파악했던 걸까 가지가 위로만 향하는 타오르는 촛불 같은 저 나무는 넓이 대신 깊이를 존재 방식으로 선택했다

사이프러스는 언제나 검은 초록으로 불타고 있다

사이프러스가 양옆으로 도열하듯 서 있는 어느 먼 곳의 한적한 정류장에서 내 영혼은 나무들에 완전히 압도당하여 그 기이한 풍경 속으로 선뜻 들어서지 못하고 한참을 머뭇거리다 사막으로 접어드는 늙은 낙타처럼 걸어 들어갔다

바람의 어느 세찬 손이 나무를 저렇게 높이 휘감아 올렸나

흩뿌려놓은 진홍색 물감처럼 펼쳐져 있는 들판의

개양귀비와 첨탑처럼 하늘로 치솟아 오르는 어두운 초록빛 사이프러스 사이에서 나의 번민은 깊어갔다

  막 불이 붙기 시작한 듯한 밀밭과 초저녁의 소용돌이치는 하늘은 모두 저 사이프러스로 인한 것

  사이프러스가 있는 풍경에는 지독한 아름다움에 대한 번민이 슬픔처럼 가만히 숨어 있다 사이프러스가 층층이 쌓아올린 검은 초록의 탑은 오벨리스크보다 더 높다

미학적 인간에 대한 이해

황금빛은 묵혀두었다가 열어서 쓴다,
꿈의 기록장에 이렇게 흐릿하게 쓰여 있다

나는 북쪽을 선호한다
한 가지 色에 깊이 들어앉은 다른 색을 발굴하기까지의 기나긴 과정에 대해 누군가에게 설명하는 일은 가능할까
나약한 존재를 자극하는 섬세한 색의 변화를,
그 미묘한 느낌의 일렁임을

문장은, 너를 낚아채고야 말았구나
너를 지탱해주고 변화시키고 다른 세계로
한 걸음 내딛게 하는 순간들
한 번 겪고 나면 다시 이전으로 돌아가지 못하는 그 자리를

북쪽은 밤의 숲에서 보는 달처럼 얼룩이 많다
모든 색은 자주 어두웠다 밝아졌다 한다

묵은 황금빛으로 이루어진 풍경들은 이루 헤아릴
수 없이 이상하고 야릇하였다
　나는 여전히 북쪽을 선호한다

　사람과 가장 닮은 새는 두루미,
　가도의 고뇌가 때로 나의 것이 되기도 한다

작열하다

한낮 시골집 마루에서 눈을 떴을 때, 아무도 없는 집 안 마당 앞의 감나무가 땡감을 달고 퍼렇게 질려 있다 마당은 하얗게 하얗게 달구어져 시린 눈을 반쯤만 떴다 시끄럽게 울어대던 매미들은 다 어디로 갔나 누렁이도 할머니도 고모도 저 햇빛이 어디론가 데려갔나

마당 한구석의 두엄 더미는 푸욱 푹 썩어가고, 삐거덕 정지문 여는 소리에 놀란 집의 그늘은 다 움푹한 구석에 모여 웅크리고 있다 두엄 더미 옆 돼지우리의 돼지들은 엎어져 꼼짝도 하지 않고 모두가 한통속으로 무언가에 복종하고 있다 뒤란의 장독대는 독사의 혀처럼 날름거리는 나리꽃을 두 송이 꼿꼿하게 피워놓고

한낮의 기괴한 정적은 어린 내 몸에도 달라붙어 나는 대청마루로 돌아와 고요히 엎드려 누웠다 마당은 뜨겁게 증발하고 살아 있는 것들 모두 숨을 죽이고

있는 시간, 스르륵 눈꺼풀은 다시 감긴다 대낮, 햇살이 작열하는 염천의 적요에는 미묘한 악의가 숨어 있다는 걸, 섭씨 육천 도의 햇빛은 죄악을 받아들이고도 남는다는 걸 알게 된 어느 날 나의 잠은 깊었다

봄비

　꽃상여였다, 군사리 가는 길 부여 용정리 지나다 빗속에서 얼핏 눈에 들어온 것은 우산을 들어도 부슬부슬 옷이 젖어오는 봄비 하염없이 내리는 날 아침 뿌연 안개 속 길 위에 나타난 것은

　헛것을 보았던 걸까 왔던 길 되짚어 돌아오니 서서 바라볼 자리조차 마땅치 않은 이차선 국도변 한켠에 덩그러니 놓여 있는 꽃상여, 비에 젖지 말라고 투명한 비닐을 씌워놓은 저 상여를 탈 사람은 어디에 있는가

　동네 어귀나 곳집이 아닌 차가 씽씽 달리는 위태로운 도로 한옆에 무슨 일로 상여를 붙여놓았나 경적을 울리며 비안개 속에서 차들은 어정쩡하게 서 있는 내 옆을 빠르게 지나가고

　봉황과 산신과 갖은 꽃들이 울긋불긋 비닐 안에서 장엄하게 숨을 쉬고 있는 한 세계를 그만 보아버리고

말았다 비닐을 걷어내면 금방이라도 날아갈 듯 봉황은 매섭게 눈을 뜨고 누군가의 식은 몸을 멀리 데리고 갈 준비를 하고 있었다

어제부터 밤새 내린 봄비가 그쳐야만 상여는 저 자리를 떠날 수 있는 것일까 만장을 매달 때 쓰는 장대일까 긴 대나무 막대기 두 개가 꽃상여 옆에 가지런히 세워져 있다

용정리 상여꾼의 애달프고 장엄한 상여 소리를 듣고 싶다 생각한 적이 있었다, 우물을 하직하고 친구와도 하직하고 길 떠난다 먼 길 떠난다 방상시와 명정과 만장을 앞세우고 운삽 불삽과 상주와 가깝고 멀었던 인연들을 데리고

꽃과 나비는 봄 한철이요 연못의 붕어는 사시사철 한 번 가면 아주 가나 아주 간들 잊을쏘냐…… 언젠가 문득 부여 가서 용정리 호상놀이 보고 싶다 생각

했을 뿐이다 외나무다리 건너는 꽃상여를 한번 보았
으면 했을 뿐이다

북

둥둥, 소리는 모두 어디로 갔을까

호랑이 네 마리가 사방을 향해 엎드려 있는 받침대 위에 세워둔, 서 있는 북 건고는 한 마리 백로를 이고 고요하다

저 소리 울리면 동시에 둥둥, 단풍은 남하하고 꽃들은 북상할 것만 같은데

울리지 않는 북이 내는 소리는 나의 시선 속에서만 한껏 더 커지는 것인지

수백 년 소리를 내지 않겠다 결의를 한 듯 둥둥, 북은

연꽃의 심장을 푸르게 피워 올리고 백로의 날개를 활짝 펼쳐놓고 오래 심심하다

울리지 않을 때 가장 큰 소리를 내는 것이 내 마음 같은 저 악기이다

나비 떼의 추락으로 폭우가 멈추었다

쏴쏴쏴쏴
나비 떼가 숲을 가로질러 날아가고 있다
빗방울들이 나비 떼를 따라
물살을 따라가는 작은 물고기 떼처럼
끌려간다

폭우와 바람은 숲에서
나비 떼를 마구 쏟아내고 있다
어느 구멍에서 저렇게 많은 초록 나비 떼가 몰려오는지
나비는 물속으로 물고기는 구름을 헤치고
날아오른다

흙바닥에 나비 날개가 흩어져 있다
물고기 부레가 쏟아져 나와 있다

대낮에 어둠을 끌고 온
나비 떼의 추락으로 폭우는 멈추었다

햇살의 뾰족한 부리가
날개에 닿을 때마다
살아남은 신경을 건드리는지 날개의 잔해가
파닥이고 있다

탐매행

 올봄 늙은 매화나무 한 그루 만나러 나선 길이 멀었지 멀어서 참으로 까마득했지
 허물어질 듯 네모난 연못가에 서 있던 매화나무,
 산속 깊은 물소리에 해마다 매화 향을 얹어놓았겠지
 바람이 차서 대숲 종일 소란스러운 이른 봄날엔 꽃잎을 멀리까지 살러 보냈겠지

 멀리서, 매화가 처음 보는 객이 찾아왔다네
 내 아는 매화나무 한 그루는 오래 묵어 검고 갈라진 살갗을 가졌네
 꽃잎도 높은 가지 끝에만 잔설처럼 달려 있네
 내 아는 매화나무는 그 아래 지나다 문득 바라볼 일 없는 산속 깊은 곳에 있다네

 나는 한나절 앉아 매화나무 한 그루를 포섭했지
 물소리 쪽으로 기울어진 듯 자란 늙은 매화나무는 천 리 길을 오게 하고 한나절도 모자라 하루, 이틀

을 다시 올라와 앉아 있게 하지
 해 기울도록 앉아 있어도 아무도 내다보지 않고 간섭하지 않는

 고무신 한 켤레 털신 한 켤레 댓돌에 나란히 놓인 암자가 있는 곳
 사백오십 년 묵은 산매화는 큰 절과 암자 뒤편 또 보이지 않는 암자 가는 길 어디쯤에 숨은 듯 피어 있지
 물소리 여간해서 그치지 않는 곳,
 바람 세찬 날 대숲의 키 큰 왕대들이 더걱더걱 부딪히며 이상한 소리를 내는 곳, 내 아는 매화나무 한 그루는

무릎을 예찬함

　예찬의 용슬재는 겨우 무릎을 들여놓을 만한 좁고 정갈한 은자의 방
　쇠무릎은 소의 무릎을 닮은 줄기 마디를 지닌 풀
　우슬재는 해남 가는 길에 넘는, 소가 무릎을 꿇고 있는 모습과 닮은 고갯길

　내 고요한 저녁 간혹 꺼내어보는 도록의 백자무릎형연적은 꿇어앉은 여인의 무릎 마루를 닮은 단정하고 둥근 모양의 연적
　하나둘 품어와 일가를 이룬 책장 위의 연적들 바라볼 때
　거기 눈길 자주 닿는 곳 어디 얹어두고 싶은 백자무릎형연적

　그 푸르스름한 흰빛을 나는 물끄러미 들여다보다가, 눈길로 한없이 어루만져보다가
　어느새 그윽한 마음이 되어서는
　괜히 내 무릎을 만져보게 되는 서먹한 일이 생기는

늦은 저녁 한때를 수락하는 것이다

  이것은 다 무릎 때문에 일어나는 일,
  이것은 다 내 마음이 적적해서 벌어지는 일,
  이것은 다 누군가에게로 가는 길

능소화

1

 저 어둑한 붉은 동굴로 들어가보고 싶다는 생각이 들었을 때, 내 몸의 온갖 뼈들이 미세하게 휘어지는 걸 느꼈다 산도를 아무 탈 없이 미끄러져 나가려면 어떻게 웅크려야 하는지 몸은 알고 있을 것이다 저 좁은 문의 바깥으로 나가보고 싶은 열망을 더 이상 감출 수 없다 나는 두려움 없이 꽃 속으로 뛰어든다 뜨거움이 몸을 빨아들인다

2

 툭툭 핏줄이 밖으로 불거져 나와 있다 저곳으로 들어가는 입구는 다섯 갈래 중 어느 길을 선택해도 모두 한곳으로 통한다는 것도 알 것 같다 그 선택마저 쉽지 않다 오랜 망설임 앞에서 쨍그랑 꽃이 떨어진다 파국이다, 입구는 폐쇄되었다 사방에 나팔 모양의 입

구가 낭자하다 저 동굴에서 말라버린 태아가 나온 적이 있었다는 걸 너는 어떻게 알게 되었을까

불안의 운필법

 불안하고 또 불안한 내면을 가졌으리라 짐작되는 이 사내, 아름다움에 대한 욕망이 가득하여 늘 마음이 들끓거나 지나치게 고요했으리라 여겨지는 이 사내의 그림 한 점과 글씨를 직접 보았던 날 나는 사내를 처음 알게 되었다

 그는 나를 그의 글 앞에 아주 오래 세워두고 마음껏 어떤 알 수 없는 고통과 희열에 열중하게 했다 그날 이후 서화를 보거나 한가하게 혼자 앉아 있을 적이면 사내의 글과 그림보다 그의 내면에 소용돌이치며 지나갔을 어떤 물결이나 바람 같은 것이 더 궁금하였다

 매화와 사내의 글씨가 인쇄된 천으로 된 커다란 가방을 두 해 가까이 방의 벽에 걸어두고 보았지만 그 사내에 대한 쓸데없는 기록을 알게 되는 것이 두려워 그에 대한 궁금증이 깊어가도 애써 알아보지 않은 점 돌이켜보니 괴이하다

瘦金體라 불리는 가늘고 야윈 획을 구사한 그의 서체는 붓을 멈추거나 꺾었던 흔적들이 강하게 남아 있어 예민했던 그의 눈길이나 손놀림을 따라가보며 괜히 마음을 어지럽히기도 했지만 그 어지러워진 마음 뒤에 한참을 더 한적해지는 고운 일도 많았다

사내의 단지 뼈대만 남아 있는 신경질적인 운필법이 나의 몸 어딘가와 친밀하게 마주 보려 한다는 걸 알게 된 것은 우울한 일이었다 글과 그림에 탐닉한 북송의 황제였던 이 사내는 어떤 이들에겐 나라를 멸망으로 이끈 무능하고 치욕적인 왕으로만 보인다고 하니

내가 늘 바라보는 것은 사내의 뒷모습, 팔굉을 두루 관람하고 사해를 다 밟아보지 못하더라도 생각의 폭을 넓힐 수는 있을 것이다 어찌 보아야만 모든 것을 다 알 수 있겠는가…… 사내와의 만남은 그저 이러하였다 내가 잘 모르는 그 사내는 徽宗이라 불린다

곡옥

　곡옥은 자궁 속의 태아가 웅크리고 있는 모양이다
　쉼표가 다 자라 마침표를 능가하는 순간의 모습이기도 하고 사람에게 길들지 않은 동물의 이빨 같기도 하다
　곡옥은 한때 물고기였는지도 모른다 눈과 머리와 꼬리를 갖추고 있다

　옥이 품은 빛, 옥빛은 어디에서 왔는가
　옥은 햇빛이 아닌 달빛의 자장가를 들으며 자랐고 빛의 안감을 댄 그늘의 천으로 만든 옷을 입고 걸어 다녔다
　속이 다 비치지는 않지만 맑은 눈동자를 가졌으며 침묵의 옅은 색을 편애한다

　투명하되 불투명한 살갗을 지니고 있다
　무덤 속에서 오래 웅크리고 있다 발견되어 밖으로 자주 끌려나왔으며 멸망한 왕국의 구름을 두루 연구하고 보고한 성과가 있다

그늘의 무늬에 둘러싸여 견고한 아름다움으로 빛나는 몸은 동그랗게 뭉쳐진 허공을 꼭 끌어안고 있다

씨앗 모양의 곡옥은 무슨 잎들을 피워 올리나
나른한 슬픔이 겹겹이 수놓인 이부자리를 펴고 모로 누웠다 웅크림에 대한 오랜 명상이 필요하다
운명이 정한 파멸의 길도 마다 않는 휘어짐이다 손발 다 구부린 屈葬이다

일주문

불타버린 절에 남은 일주문이란 어떤 것인가
  탑도, 불상도, 허물어지고 부수어진 석물도 한 점 없이 일주문만 겹겹의 공포를 장식하고 날아갈 듯 우뚝 서 있다
  내가 서 있는 이쪽과 아직 내가 들어서지 않은 저쪽,

  어둠이 내려와도 일주문 저쪽은 빛이 가득 고여 출렁이며 장엄한 한 풍경을 이루고 있을 것이다
  장수사 터에서 성과 속, 안과 밖은 저 공작 깃털 같은 일주문으로 인해 이렇게도 단호해진다

  문의 안쪽은 아무것도 없는 빈터다 아니 풀들이 무성하다
  폭포도 바람도 노각나무도 쪽동백도 온갖 것이 다 있지만 아무것도 없다고 한다
  일주문 바깥에서 나는 한 발짝도 들여놓지 못하고 있다

저 문을 들어서면 쉽사리 돌아 나올 수 없을 것이다
무엇을 보아버린 자는 다시 예전의 그 자리로 돌아올 수 없다는 걸 일주문을 얕은 둘레에 가두어둔 자들은 알고 있나 보다
문을 가두어두다니,

저 팔작지붕과 화려한 공포의 날아갈 듯한 아름다움이 얼마나 위태로운지 알 듯도 하다
문의 위험함을 누군가 알고 있다 그는 저 문을 넘어섰다 돌아온 자이다

제3부

풍경의 해부

저렇게 많은 풍경이 너를 거쳤다
저렇게 많은 풍경의 독이
네 몸에 중금속처럼 쌓여 있다
올리브나무 사이 강렬한 태양은 언제나 너의 것,
너는 올리브나무 언덕을 지나갔다
양귀비들은 그 아래 붉게 흐드러져 있다
바다에 둥지를 틀고 알을 낳는
알시옹처럼
너는 운명을 다스리는 힘을 가졌다
이곳의 햇빛은 죄악을 부추긴다
나는 비로소 알게 되었다
이 불가해한 세계가 바로 너라는 것을

연둣빛 덩어리

연둣빛 덩어리는
갈참나무 위에
붙어 있었다

한 마디 한 마디, 자리를 옮길 때마다
몸이 아주 조금씩
출렁였다

박각시나방 애벌레는
늦은 시월의 죽엽산에서 갈참나무 아래를 향해
구물구물

지구를 돌리고 있다
소나무 서어나무 떡갈나무가 나란히 쓰러져
산길을 막고 있는

가을 산,
박각시나방 애벌레 혼자

칼칼한 연둣빛이다

길은 반대 방향이다

분홍을 기리다

산그늘 한쪽이 맑고 그윽하여 들었더니 거기 키 큰 철쭉 한 그루 기다리고 있었습니다 엷은 분홍빛 다섯 장의 통꽃들 환하여 그 아래 잠시 마음을 내려놓게 되었지요

그들의 이마를 어루만지니 열꽃이 살며시 번졌습니다

이른 봄꽃들 지나간 봄 숲을 먼 등불처럼 어른어른 밝히고 있는 그 여린 분홍빛에 내 근심을 슬쩍 올려놓고 바라보아요

실타래처럼 쏟아져 나온 열 가닥 꽃술은 바람이 없는데도 긴 속눈썹을 가늘게 떨고 있어요 떨어진 분홍빛들은 가만히 그 자리에서 빛을 다하고 있습니다

그 아래 애기나리들이 연둣빛 솜 방석을 깔고, 내려온 분홍빛들을 받쳐주고 있습니다 나는 애기나리들

의 낮은 데 있는 그 마음을 받쳐줄까 하여 오래 고개 숙였지요

 내 앉은 나무 아래 분홍빛은 모여들어 봄은 또 이곳에 잠시 머뭇거립니다

 가까운 개울물 소리도, 산비둘기 울음도, 쓰러져 누워 푸릇푸릇 이끼를 껴입은 벚나무 푸석한 가지들도 모두 저 꽃의 분홍을 기리기 위해 이 숲에 온 듯합니다

 저 고요한 분홍이, 숲의 물소리를 낮추고 있었다는 걸 한참 후에야 알게 되었어요 그 분홍빛 아래서 당신은 또 한나절 나를 견뎠겠습니다

송과선, 잠

푸른 파장의 빛은 질색입니다 암흑이 좋아요
우울증과 불면증을 치료해드릴까요
우울과 멀어지고 잠을 잘 자야 한다는 뻔한 말은 필요 없습니다
나와 친밀해지면 산겨릅나무 녹색 수피에 새겨진 촘촘한 흰색 세로줄무늬처럼 우주적 도덕력이 생성되지요
건기와 우기가 되풀이되는 생,
환절기를 무사히 넘기기 위해서는 무엇보다 잠을 충분히 자두어야 합니다
우주적 도덕력은 바로 잠에서 생겨난다고 믿는 사람도 있으니까요
모든 병을 일으키는 하나의 병, 모든 미혹이 자리 잡도록 만드는 하나의 뿌리는 바로 의심과 수면 부족입니다
혹은 권태일지도 모르겠어요
어둠에서 모든 것이 나오지요 어둠은
우리 마음의 뿌리입니다

암흑과 어둠에 대해 확연한 앎을 가지기란 참으로 어렵습니다
하지만 잠을 푹 자고 나면 모든 것이 조금은 선명해지지 않나요
그게 바로 어둠의 힘입니다
눈을 감고 눈자위를 꾹 눌러봐요 빙글빙글 우주의 별들이 떠다니는 걸 보세요
눈을 감아야만 볼 수 있는 별의 운행입니다
몸과 마음이 모퉁이를 세게 돌다 부딪쳐 머리가 깨어지는 사고가 난 자리를 잘 살펴보세요
오늘도 포근하고 단정한 잠자리와 슬픔이 소량 필요합니다

야위다

　수식득격, 蘭이 아닌 사람의 어떤 마음도 이와 같다 할 수 있을까 야윌수록 높아지고 깊어지는 무엇이 있을까

　심장박동이 잦아들도록 가을이 지나 겨울까지 내처 내버려두어야겠다

　득격하지 못하더라도 농묵의 번짐은 비껴갈 수 있을 테니

　예서와 해서가 섞인 서체처럼 단단하고 묵묵해질 때까지, 초승달이 깎여 다시 그믐이 될 때까지

　걷고 또 걷고 누르고 누르면 禿筆이 된다

　누란은 정말 호수가 말라버렸기에 멸망한 걸까 호수는 왜 남쪽으로 이동했을까

사막의 소금 호수처럼 아무도 눈치채지 못하도록 슬그머니 몸이 자꾸 어딘가로 조금씩 움직이고 있으니 조심해야겠다

이곳에 야윈 몸만 남겨두고 사라지지 못하도록

호수는 사라지지 않았다 세상에 완전하게 사라지는 것은 아무것도 없다 천오백 년마다 물줄기를 바꾸는 호수는

누란이 사라진 것처럼 야위고 야위면 바라는 그곳으로 자리를 옮겨갈 수 있는 것일까 산을 움직이듯

정강이論

 정강이, 촉대뼈, 촉뚜뼈, 학치, 정갱이, 정게, 성문이
 이건 다 신체 부위의 어느 한 곳을 지칭하는 다른 말

 발걸음이 허방으로 빠져 정강이께가 찢어진 날,
 발 딛는 데마다 땅이 꺼지는 듯하더니
 결국 발아래 허방이 생겨버려 어둠 속에서 거기로 빨려들고 말았다

 전갱이는 무리 지어 다니는 암청색 빛깔의 등을 가진 물고기,
 정강이와 상관없음이 분명한 그 물고기가 어쩐지
 앞쪽 넓적다리와 정강이뼈 사이에 있는
 슬개골의 어딘가에서 헤엄쳐 나온 것이 아닐까 궁금했다

 장성병원 야간 응급실에서 왼쪽 정강이뼈 사진을 보았을 때,

다리 속에 숨어 있는
　노랑부리저어새의 주둥이 같이 생긴
　가늘고 긴뼈가 주는 쓸쓸하고 가엾고 사변적인 느낌을

　저 고요한 뼈의 세계와 미혹하는 살의 세계가 늘
　우주적으로 한몸이라는 것이,
　벌어진 상처를 꿰매고 난 후 정강이로 인해
　몸의 구석구석에 숨겨진 침묵하는 뼈들을 나는 더욱 편애하게 되었으니

양귀비를 기르다

 저것의 익지 않은 열매에 상처를 내어 받은 즙액을 건조한 것이 아편이라오 씨에 마약 성분이 들어 있다는 소리는 당치 않소 저것이라고 다 아편이 될 수 있는 건 아니라오

 혹 물양귀비를 본 적 있소 한여름 연못에서 노란 꽃에 검붉은 빛을 띠고 있는 꽃술이 양귀비에 육박할 만큼 고혹적이라오 높은 산 중턱에서 하늘과 구름을 이고 자라는 두메양귀비는 더 말하여 무엇하겠소 그뿐 아니오 항우의 애첩 우미인의 무덤에서 핀 꽃이어서 우미인초라 하는 개양귀비도 있다오

 한 번 눈앞을 지나고 나면 못내 그리워 살이 아파 오는, 당신 같은 독이 많은 꽃이 저기 있소 푸른 산수국 같은 인연을 꿈꾸었지만 내 이렇게 당신을 잊기 위해 들판 가득 저것들을 키우고 있다오 이곳을 찾을 수는 없을 거요 그럼 내내 평안하시오

맹목의 감각

아홉 개의 門으로 이루어진
城이다

열어두기는 쉬워도 닫으려면
오묘한 각성이 필요하다
닫아두기는 쉬워도 열기 위해서는
약간의 결의가 필요하다
늘 회의하는 입이다

수억 개의 촉수로 이루어진
감각하는 門이다

욕망을 삶의 방식으로 치환하고
空을 色의 방식으로 변환한다
맹목의 감각으로 퇴화되어가는
신성함이다
늘 반목하는 눈이다

십일월, 배밭을 지나다

  십일월의 과수원,
  배나무에 열린 배를 덮고 있던 흰 종이 누런 종이들이
  만장처럼 매달려 펄럭인다
  먼 데서 보면
  흰 꽃들이 소복이 피어 있는 듯

  십일월의 과수원은
  배를 갓처럼 싸고 있던 흰 종이들이
  배나무가 순산을 하듯
  탯줄을 끊고 떨어져나간 자리에서
  어쩔 줄 모르고 나부끼고 있다

  빈 가지마다 거두지 못한 태반처럼
  종이들이 남겨져 펄럭이고 있다
  다 늦은 가을 흰 꽃들은 피어서,
  큼직하게 매달렸던 배들이 떨어지고 난 자리에
  흰 꽃들은 피어나서

바람이 불어도 떨어지지 않는
스산한 흰 꽃들은 난만히 피어나서,
눈이 내리는 듯 한 세상이 가고 또 오는 듯
펄럭, 펄럭이고 있다
눈송이들이 멀어지며 작아지고 있다

강정 간다

강정 갔다

물에 빠져 죽은 사람을 위해 제를 지내는 사람들을 만났다

건너편 바위에 앉아 오래 그들을 지켜보았다

그가 넘지 못했던 강 건너편 나무 아래까지 향냄새가 날아왔다

가까운 산과 먼 산의 계곡을 흘러내려온 물이 합수되는 지점,

물은 그의 심장을 단번에 싸늘하게 움켜쥐었을 것이다

강가는 넓고 더없이 평화로웠다

강 저쪽으로 햇볕이 사정없이 내리쬐고 있었다

그들은 햇볕에 우리는 그늘에 속해 있었다

멀리서 웅얼거리는 소리는 알아들을 수 없었지만

물가에 놓인 참외며 수박 돼지머리는 어렴풋이 보였다

버즘나무 그늘에서 우리는 그들을 바라보았다

그들은 우리를 바라보지 않았다

그들과 우리는 강을 사이에 두고 잠시 한데 묶여 있었으나
제가 끝나기 전에 우리는 그곳을 떠났다
강정 차가운 물 위엔 햇살이 들끓고
강정 밖에는 여우비가 내렸다
내년에도 제를 지내려 한 무리의 사람들이 강을 찾을 것이다
버즘나무 껍질과 그늘은 한층 더 두꺼워질 것이다

물에 비친 버드나무 가지의 그림자

해 질 녘 물가의 버드나무 아래에서
바라보는
노을은
멀리멀리 번진다

버드나무 가지 끝에 와
닿는
빛의 가닥마다
두드러기처럼 붉어진다

가랑비 적시던 날
버드나무 한 가지는 내 어깨로
길게 드리워져

마음이 한껏
치렁치렁해지기도 했다
물에 비친
버드나무 가지들의 그림자는

자기 자신에 기대어 사는 사람의
쓸쓸함을
말하려 했다

먼 길 가는 새들은
떼를 지어 나는데
먼 길 가는 사람은 저 혼자다

악기들

 생황, 배소, 적, 필률, 비파, 요고, 박, 공후, 방향을 연주하는 악사들은 마치 악기와 샴쌍둥이처럼 한 몸이다

 악기의 음률과 악사의 얼굴 표정을 가만 듣거나 보고 있자면 호흡은 들숨과 날숨 사이에서 머뭇거리다 간신히 가다듬어진다

 저들의 和音은 그만 花陰이 되어 나는 꽃그늘 아래로 너울거리며 내려오는 모든 알 수 없는 음계를 다 들이마시며 어느새 누워 있다

 모든 화음이 다 떠다니는 꽃그늘 아래 누워 어쩌다 내가 맡은 건 오래전 입었던 단 한 번도 기억하지 못했던 배내옷 냄새

 저 고대의 악기들이 내었을 남아 있지도 않은 음률은 기억되지 않았던 배내옷의 감촉과 무슨 줄기로 이

어져 있는지

　오음육률을 마음대로 부리고, 아니 저버리고 황홀경에 눈을 반쯤 뜨거나 감고 있는 악사들과 춤추는 사람들이 나온 곳은 무덤 속

　돋을새김으로 고이 덮여 있던 땅속, 묘의 주인 풍휘의 죽음은 樂으로 또 다른 삶을 이루었음이 분명하다

　樂은 미혹이 아니라 완성, 한줄기에서 나온 색이 다른 두 송이 꽃처럼 몇 세기 전의 기억은 서로 마주보며 향기를 들려준다

흰 꽃의 극락

泰山木에 꽃이 필 때,
그 향기는 죽은 아이의 혼백
病을 불러들이는 향기

꽃잎 한 조각 한 조각이 모두 향기의 덩어리인

태산목 커다란 흰 꽃이
극락처럼
피어날 때

그 그늘에서 한숨 잠을 자고 나면
무슨 일이 일어나는가

저 두근거리는 흰빛의 커다란 꽃등이
病을 불러들인다

꽃봉오리가 붓 끝을 닮은 木筆
북쪽으로 고개를 두는

北向花

나의 침대는 자주 북향이어서
칠성판이 아니어도
북쪽으로 반듯이 마음을 누인다

열매가 붉게 익을 때쯤, 두근거림이 잦아들 무렵
病도 당신도 함께 데리고 나가
야윈 풍경들을 살펴줄까

제4부

터널

　창밖 풍경은 보이지 않고 갑자기 얼굴을 들여다보아야 할 때가 있다
　기차가 터널을 지난다
　검은 창에 떠 있는 하나의 표정을 살핀다
　정체를 알 수 없는 한 묶음의 서러움과
　소량의 모멸감과
　발설할 수 없는 비애가 한 톤,
　기차가 자꾸 터널을 지난다
　이번 터널은 길다
　아무렇지 않은 얼굴로 이쪽을 뚫어지게 바라보는 저 표정을 의심한다
　시간이 준 안간힘이 물거품이 된다
　발설될 수 없는 고통이 한 그루,
　기차는 자꾸 터널을 지난다 반대편에서 누군가 수십 개의 내 얼굴을 바라본다
　창밖엔 규정되지 않은 풍경들이 줄지어 서 있다

일식의 주기

지구가 해를 19바퀴 돌 때 달은 지구 주위를 정확하게 223번 공전한다 이때 해와 달은 하늘의 같은 위치에서 만나게 되는데 해와 달이 겹치게 되는 현상의 주기는 18년 11일 8시간이다

당신과 나의 만남은 사로스 주기와 비슷해서 이 생에 한 번 더 있을지 모르겠다 어느 먼 우주에서의 조우처럼 한순간의 스침을 생의 증표로 기꺼이 받아 몸에 화인처럼 새겨두고 들여다보는 일은,

무언가 돌이킬 수 없는 운명적인 겹침이 생길지도 모른다는 불안을 너는 잘 견뎌내었다 물리적으로 먼 거리는 때로 심정적으로 가까운 거리가 되기도 한다는 것을

그들에게 어떤 일이 일어나는지 달은 지구의 주위를 빙빙 돌며 지켜보았다 아무 일도 일어나지 않았지만 아무 일도 일어나지 않기 위해 고투하는 그들의

모습이 약간은 아름다웠다

 태양을 삼켜버린 어둠은 잠시였지만 정말 아무 일도 일어나지 않은 것일까 모래바람이 심해 몇 번인가 돌아서며 한의원에서 전철역까지의 타클라마칸을 건너야 했을 때, 어딘들 사막 아닌 곳이 없다는 걸 문득 깨달아야 할 때

 그 숲에도 같은 바람이 불고 있겠지 당신과의 목마른 인연 탓이 아니라 내 안에 탄맥처럼 숨어 있는 비애가 목을 메이게 한다 달이 당신을 지워야 할 시간이 다가온다 둥그런 암흑의 고리 뒤에 있는 것이 당신임을, 그래도 내가 알고 있다는 것은

당신의 손

접은 우산을 든 팔이 빗물로 얼룩졌다

어떤 물고기는 피가 뜨겁다 했다
그 말이 주는 관능을 너는 너무 늦게 알아서
모르지 않게 되어서

흐려지던 눈앞이 맑아졌다

손을 보고 싶다는 청명으로 견디는 하루가
높은 탑을 쌓는다

당신은 왼팔이 나는 오른팔이
젖었다

당신의 불면 뒤에는 무엇이 있나

당신이 있는 그곳의 모퉁이를 여러 번
꺾지 않아도 어느 저녁은

마음이 거기로 가 여러 숨을 쉬고 오기도 한다

누군가의 손을 잘 알지 못하는 안타까움이
길고 아프고 충분해서

흐려지던 눈앞이 다시 맑아진다

우기의 물고기들은
수면 높이 올라와 숨을 쉰다

하늘의 무늬

별이 하늘의 무늬라면 꽃과 나무는 땅의 무늬일까요
별이 스러지듯 꽃들도 순식간에 사라지니까요
그래서 그들은 불멸을 이루나 봅니다
하늘의 무늬 속에 숨어 있는 그 많은 길들을
저 흩어지는 꽃잎들은 알고 있는 듯합니다

이 꽃잎에서 저 꽃잎까지의 거리에 우주가 다 들어 있고
저 별빛이 이곳에 오기까지의 시간 또한 무한합니다

무한히 큰 공간과 거기 존재하는 천체와
모든 살아 있는 존재인 우주를, 그 우주의 은하에서
나는 누구도 아닌 당신을 만났군요
자기 자신에서 비롯되는 마음처럼, 샘물처럼 당신과 나는
이 우주에서 생겨났군요

우주는 깊고 별들은 낮아

나는 별들의 푹신한 담요에 누워 대기를 호흡해봅니다
천천히, 당신을 들이쉬고 내쉽니다
그러다 나는 밤하늘로 문득 미끄러지듯 뛰어내릴까요
너무 오래 살았거나 아직 태어나지 않은 이들이 있는 곳으로

남천에 걸린 남두육성의 국자별자리를 스쳐,
천공의 우주가 겹겹이 내려앉아 우리가 알 수 없는 오래전
어느 시간의 소우주를 보여주는 고구려 고분벽화의
봉황과 학을 타고 하늘을 노닐며 사현금을 뜯는 신선들과
천지 공간을 가득 채운 일월성수의 별자리 따라

나는 당신의 전생으로 갑니다
우리는 어느 별에선가 또다시 만나게 되겠지요

무계동

　무릉은 한양성 북문 밖 백악의 서북쪽 안 기슭에 있습니다

　내 편애하여 해마다 봄이면 드문드문 찾는 이곳은

　어떤 이들에겐 쓸쓸함이 오래 새겨놓은 깊은 골짜기보다 더 아늑합니다

　한동안 구름이 꼭꼭 숨겨놓았던 이곳은 지금은 폐허가 되어

　누구나 드나들 수 있는 문이 되었습니다

　하지만 뜻이 없는 이들은 결코 알지 못할 곳이기도 합니다

　그 이유는 고요함과 시끄러움이 길을 달리하는 까닭*이겠지요

못을 파 연꽃을 심고 대나무와 복숭아나무로 주위를 가득 에워싸 도원을 꿈꾸었던 무계정사의 옛 주인처럼

구불구불 빈터를 거닐고 거닐며 마음을 기르다 보면

* 몽유도원도에 쓴 안평 대군의 발문에서 인용

계단

千壽菊이 피어 있는 저 나무 계단을
날마다
경행로 삼아 오르면

天壽國, 극락으로 가는 길이 나올 것 같다

서리가 내릴 때까지 천천히
긴 계단을 오가며
저 아득한 꽃들의 소곤거림이 어떻게 달라지는지

가을 햇빛의 기울기로 재어보리라

백일홍이나 만수국아재비 따위는
얼씬도 못하게 하리
침목 쪽으로 목이 휘어진

천수국 모가지를 밟은 날,

극락으로 향하는 발걸음마다 독초의 구근들이 두근
거렸다
 부러진 손가락의 관절들이
 침묵의 계단 위에 저마다 낭자했다

허공의 악기

허공을 연주하여 소리를 낸다

허공을 눌러 연주하는
저 손가락들
현이나 구멍도 없이 소리를 낼 수 있는
테레민처럼

보이지 않는 허공의 악기를
나도 한때 가지고 있었지

허공의 음계는 놀라워라
먼 공중에서 천천히
깃털이 내려오네
높게 떠 있거나 살며시 내려앉는

저 음계들
다정한 손이 쓰다듬는
나지막한,

숨결에 숨결이 더해지는

허공의 악기를 가졌던 그때
내 손은 자주 심장 위에 얹혀 내 숨소리를
듣고 있었지 가만히
너의 심장을 어루만지듯

나뭇잎들, 허공을 연주하는 내 손을
오래도록 쓰다듬네

생에 처음인 듯 봄이

현통사 앞 물가의 귀룽나무는 흰 꽃을
새털구름처럼 달고 나타났지
귀룽나무, 나는 놀라 아 귀룽나무 하고
비눗방울이 터지듯 불러보았지

귀룽나무, 너무 일찍 꽃 피운 귀룽나무
귀룽나무 물가에 가지를 드리우고
바람결에 주렁주렁 흰 꽃향기를 실어 보내고 있네

귀룽나무 새초록 가지마다
연둣빛 바람이 샘솟네
개울물 소리 따라 늘어진 가지의 흰 꽃망울들이
조롱조롱 깨어나네

저 귀룽나무 흰 꽃들 받아먹는
물소리 따라 봄날은 살며시 가는 거지 또 그렇게
가는 거지 건듯건듯 봄날은 가고

귀룽나무 아래 어루만졌던 어떤 마음도
드문드문 아물어가는 거지
누군가 한 세월 서러이 잊히는 거지

아 그리고 생에 처음인 듯
문득 봄이 또 오는 거네
귀룽나무는 물가에서 전생에 피운 적 없는
흰 꽃들을 뭉클뭉클 달고서
나를 맞이하는 거네

소리의 사다리
── 귀래리

아래층 방에 가 있을 때 들은
어딘가 다른 물소리,
저 물소리가 아래층에서 듣고 올려 보낸
다른 이의 몸을 한 바퀴 돌고 온
내가 처음 듣는 새것이 아니라는 걸
알게 되었지
모서리가 둥글게 다듬어지면서
먼저 들은 이의 귓바퀴를 쓰다듬고 나온
저 아롱다롱한 소리

손때 묻은 소반처럼은 아니지만
반짝이며 윤기가 도는
위층에서 듣는 개울물 소리,
누군가 종이접기하듯 접어 올려 보낸 물소리
나도 접어
옥상으로 올려 보낸다
오늘 밤 은하수 건너는 뭇별이 들을
내가 어루만진

저 나선형의 물소리가 가닿는 곳은,

소리가 긴 사다리를 밟고 올라가는 밤

메밀꽃이 인다는 말

메밀꽃이 인다는 말 아는지요
바닷가 사람들의 오랜 말로 하얗게 부서지는 포말을 어부들은 메밀꽃이라 부릅니다
흰 거품을 일으키는 물보라를 메밀꽃이 인다 하는데
그 꽃은 피는 게 아니라 이는 거예요
피는 꽃이 스러지는 꽃을 알 수 있을까요 지는 꽃이 일어나는 꽃을 숨 쉴 수 있을까요

먼 파도에서 일어나는 물거품을 나도 이 순간부터 메밀꽃이라 부르기로 합니다

잠에서 일어나고 연기가 일어나는,
먼지가 일어나고 두통이 일어나는,
아지랑이가 일어나고 혁명이 일어나는,
산불이 일어나고 지진이 일어나는,
불꽃이 일어나고 모래바람이 일어나는

일어나고 일어나 스러지고 또 스러져 다시 일어나는

그 꽃을 당신은 벌써 알고 있는지 모르겠어요

마음이 일어난다는 말은 어떤가요
메밀꽃처럼 흰 거품을 일으키며 솟구쳤다 스러지고
또 스러지는 이 마음 참 오래되었지요
메밀꽃이 또 인다고 당신께 소식 전하지는 못합니다
그저 메밀꽃이 피고 졌다 말할 밖에요
북쪽으로, 매서운 메밀꽃이 이는 한겨울의 바다로
가만히 당신을 보러갑니다

冬至

태양이 죽음으로부터 부활하는 날,
우레가 땅속에서
가만히 때를 기다리는 시간입니다

비익총에 든 두 사람의 뼈는 포개어져 있을까요
생을 거듭한 지금
나는 어디로 가야 하나요

붉고 노랗고 창백한 흰 달에
이끌려
나는 언제까지고 들길을 헤매 다니지요

사랑이나 슬픔보다
더 느리게 지나가는 권태로 색색의 수를 놓는
밤입니다

하늘과 땅만 자꾸 새로워지는 날,
영생을 누리려 우레가 땅을 가르고 나오는
적막한 우주의 한순간입니다

墨白

왜 모든 것은 반복되는 것일까 왜 모든 감각은 죽었다가도 다시 살아나는 것일까 이 별의 모든 것들은 왜 끊임없이 사라졌다 다시 나타나는 걸까 반복되는 삶이 지루하지 않고 무시무시하다

인간은 반복되는 존재다, 라고 말해도 겸손을 위장할 수 있을까 어느 생에선가 내가 살아낸 적 있는 삶을 당신이 지금 왜 똑같이 살아내고 있는지 알 수 없다 가장 무서운 형벌은 반복을 반복하는 것

오래전 내가 살았던 삶은 지금의 삶과 너무 다르지만 결국 같은 것을, 당신과 내가 다음 생에도 무언가 이상한 일을 반복하리라는 것을, 그러기 위해 꼭 다시 태어나야 한다는 것을

검고 희고 붉고 푸르고 밝고 어두운 것들의 세계에 들어 회오리치며, 당신과 나는 여러 생을 지나도록 만나지 못하고 알지 못하고 반복을 기다리고 여러 생이 지나도록

물속의 빛

물은 점점 차오르고
당신의 얼굴은 보이지 않네
모든 빛들은 천천히 가라앉겠지

물속의 고요함은 정말 기괴하네
푸른빛 초록빛 싸늘한 흰빛 노란빛
그리고 검은,

검은 건 빛이 아니라서
그냥 어둠,이라고 해두지
물이 숨을 가득 채울 때 보았던 건
따뜻한 분홍빛

물속에서 이렇게 많은 빛들이 살아가는 줄
정말 몰랐지
내 노래의 음계들은 오래 어두울 텐데

모든 것이 연결되어 있는

고요한 곳이 있다면
그건 아마 물속일 거야

이제 물속에서 하늘을 보네
아아, 하늘은 물빛
난 당분간 눈을 감지 않을 거야

물빛은 점점 어두워 오는데
당신의 얼굴은 보이지 않네
물속의 고요함은 정말 기괴하네

|해설|

미학적 인간

신 형 철

아픈 몸의 감각으로부터

풍경을 노래하는 시들에 마음은 오랫동안 열리지 않았는데, 아직은 사람에게 기대하는 것이 많아서일 거라고 짐작해왔으나 착각이었다. 마음이 그러했던 것은 몸이 그토록 아파본 적이 없었기 때문이었다. 사람에 매달리게 하는 것은 마음의 통증이고 풍경에 매달리게 하는 것은 몸의 통증일까. 아니, 매달리는 일은 누구나 할 수 있지만 거기서 시가 이루어지는 것은 예외적인 사건이므로, 이렇게 고쳐 말해야 한다. 사람의 시를 뜨겁게 하는 것은 마음의 통증이고 풍경의 시를 진실하게 만드는 것은 몸의 통증이다. 그렇다는 것을 조용미의 지난 시집 네 권*을 읽으면서 알게 되었다.

> 시시한 고통에는 해답이 없네
> 완전한 고통만이 그 고통을
> 구원할 수 있네 ——「허리에게」① 부분

  자세히 알지 못하나 오랜 시간 그는 아팠을 거라고 생각한다. 그가 '고통'이라는 말을 썼다면 그것은 정말로 뼈와 살이 부서지고 찢기는 듯 아팠다는 뜻이다. 저런 구절이 마음의 흔한 소란을 과장한 것이 아니라 극심한 허리의 통증을 견디면서 내뱉은 비명이라는 점을 놓치면 조용미의 옛 시들은 전혀 이해될 수 없다. 그렇게 아팠으므로 사람의 세상을 등지고 풍경만을 눈앞에 두었을 것이다. 그 풍경을 향해 이 시인은 날 치료해달라고, 안 되면 같이 아파해달라고, 그도 안 된다면 위로라도 해달라고, 그 많은 시들을 썼을 것이다. 그런 게 아니라면 그의 시에서는 흔한, 이런 놀라운 문장들이 쓰일 수가 없다.

> 바람이 나를 자르고 지나가는군
> 비는 몸통을 비스듬히 뚫어놓고 달아나는군

---

* ①『불안은 영혼을 잠식한다』(실천문학사, 1996), ②『일만 마리 물고기가 山을 날아오르다』(창작과비평사, 2000), ③『삼베옷을 입은 자화상』(문학과지성사, 2004), ④『나의 별서에 핀 앵두나무는』(문학과지성사, 2007), 이상 네 권이다. 본문에서 이 책들을 인용할 경우 시 제목 옆에 숫자를 적는다.

아아 목에서 늑골까지 물이 새고 있다
　　　　　　　　　　　　―「봄의 陰畵」② 부분

죽음의 두 눈알을 꺼내 삶의
텅 빈 눈구멍에 끼워본다
몸을 빌린 눈이 쏟아내는 물
뜨겁다　　　　　　　　　　　―「음계」③ 부분

　앞의 시는 아픈 자에게 봄이 어떻게 오는지를 알게 한다. 봄바람에 섞여 봄비가 내릴 때, 그것을 바라보는 병인(病人)의 몸을, 바람은 절단하고 비는 뚫는다. 봄이 왔다고 느끼기 이전에 먼저 비바람으로 몸이 아픈 것이다. 이 경우 풍경과 육체가 둘이 아니라 하나라는 말은 '미학적 진실'이 아니라 '의학적 사실'이다. 뒤의 인용문은 오래 아픈 이가 이제는 지겨울 지경인 눈물을 흘릴 때, 그것이 어떤 종류의 감각적 사건인지를 이해할 수 있게 한다. 그때의 눈물은 마치 내 것이 아닌 듯한 눈에서 남 일인 듯 흘러내렸을 것이다.
　이런 몸이 쓴 것들이었으므로 그의 풍경의 시들은 그토록 절박했고 집요했던 것이다. 예컨대 "반밖에 차지 않은 달은 끈적한 핏덩어리를 주룩 쏟으며 흘러내리고 있었다"(「밤, 달빛, 길」②) 같은 과격한 이미지는 "강이 내는 신음소리는 물안개 아래 묻혀 아무나 들을 수 없는 것 병이 깊은 자만이 들을 수 있는"(「능내리」②) 것이기 때문에 생겨난 것이다. 이런 눈과 귀로 그는 여기에 일일이 옮겨 적을 수조차 없는 많은 통찰들을 풍경들에서 발굴해냈다. 끝내 내 마음을 열지 못하는 구절들도 가끔은 있었지만, 내 몸이 '달의 출혈'을 보고 '강의 신음'을 들을 수 있을 만큼 아파본 적이 없어 그런 것이려니 하게 만드는 힘이 그 시들에는 있었다.

풍경의 얕은 곳에서 안이한 깨달음을 채굴하는 것으로 보였던 세상의 많은 시들이 어째서 그렇게 보일 수밖에 없었는지를 알게 되었다. 그 시들에도 마음의 통증이야 있었겠으나 몸의 통증은 부족했던 것이다. 조용미의 예전 시들이 걸어간 길을 '아픈 몸의 현상학'이라 불러도 좋을까. 아마도 아픈 몸의 기록으로서는 한국시 사에서 가장 강렬한 표현을 성취한 사례들일 것이라고 생각한다. 그간 조용미의 시에서 중요한 것으로 간주되어 자주 언급된 사항들 중 인상적이었던 것 하나를 이렇게 다시 정리한 것은 그가 이번 시집에서 새롭게 낸 길들을 저 기존의 길과 더 선명하게 구별해두기 위해서다. 그중 세 개의 길을 골라 걸어보기로 한다.

색깔과 소리에 대한 학습을 거쳐

 이번 시집에서 가장 먼저 눈에 띄는 길은 색깔과 소리를 따라가는 길이다. 그의 시가 대부분 풍경에 바쳐진다는 것이 사실이라면, 풍경들이란 대개 색깔과 소리로 제 자신을 드러내는 것이니 그의 시에서 색깔과 소리가 대상을 인식하는 근본 범주의 하나로 드러나 있는 것은 이상한 일이 아니지만, 그 탐구가 서구의 색채론과 음향학보다는 동아시아의 전통적인 미학에 힘입고 있다는 사실에는 주목할 필요가 있어 보인다. 이 시인이 '색(色)'과 '음(音)'이라고 적을 때 이것을 'color'나 'sound'로 옮길 수는 없을 것이라는 뜻이다.
 색에 대한 이 시인의 관심이 돌발적인 것은 아니다. 붉음이나 푸름에 대한 관심이 이전에 없지 않았으나 그 색은 대체로 순간적으로 현현하는 진실과 관련돼 있을 뿐이었다. 만약 보편적으로 실재하는 진실이라는 것이 있다면 이 시인에게 그 진실의 색은 검은색일 것이고, 그 검은색의 이름은 'black'이 아니라 '묵(墨)'이거나 '현(玄)'일 것이다. 옛사람들은 말하길 "묵만으로도 오색이 찬란하다. 이렇게 묵만으로도 오색이 갖추어지는 것을 득의(得意)라 한다"라고 했고, "완성된 산수에는 오색이 갖추어져 있지만 이 오색을 만들어내는 것은 오히려 현이다"라고도 했다(서복

관, 『중국예술정신』, 권덕주 외 옮김, 동문선, 2000, 재판, pp. 289~90). 이것은 수묵화 미학의 한 요체이면서 우리가 조용미의 시를 읽을 때 염두에 두어야 할 명제이기도 하다.

그는 여기에서 어둠 쪽으로 한 걸음 걷는다. 물론 '묵'과 '현'으로서의 검음이 그대로 어둠과 일치하는 것은 아니겠지만(이런 차이를 놓치지 않는 섬세함은 본래 나의 것이 아니고 이 시인에게서 내게로 건너온 것일 뿐이다), 어둠에 대한 이 시인의 관심이 검음에 대한 애착과 무관하지 않다는 것은 분명하다. "어둠은 어디에서 오는가/한때 어둠 속에 있는 것들이 꾸는 모든 은밀한 꿈을 나는 들여다보려 했다."(「어둠속」②) 한때 그러했을 뿐 이제는 끝났다는 식으로 적었으나, 그 뒤로도, 아픈 몸 때문에 어둠을 떠나지 못했고 외려 더 가까워졌다. 과연 어둠이 늘 먼저라는 것을 그는 깨닫는다. "어둠의 세계에 빛이 침입했다 사라지는 걸/우리는 하루라 부른다."(「붉은 시편」③) 어둠에 대한 공부가 이렇게 깊어지자 검음의 정체도 아래와 같이 환해진다.

찬란하면서도 혼이 없는
어둠은

어린아이와 어른의 영혼을 합친 것처럼
검게 검게 빛났다 ——「기억할 만한 어둠」④ 부분

검은빛은 따스하다
삶과 죽음이 마주 보고 있는 검은빛의 유전자에는 잠과 물이 들어 있다
부드럽고 따스한 검은빛은
눈이 부시다
―「黑」③ 부분

누군가 과학적 인식과 미학적 인식의 차이를 묻는다면 이런 문장을 내보이면 될 것이다. 어둠 안에 아이와 어른의 영혼이 합쳐져 있다는 인식, 어둠은 어둡지 않고 검게 빛난다는 발견, 검은색의 유전자에 잠과 물이 들어 있어 검은색은 차라리 따뜻하다는 감각 등은 읽는 이를 놀라게 한다. "어둠에 대해 확연한 앎을 가지기란 참으로 어렵습니다"(「송과선, 잠」)라고 시인 자신은 말하고 있지만, 그는 그 일을 해낸 것처럼 보인다. 검음(어둠)에 대한 이러한 관심은 자신의 아픈 몸을 견디는 과정에서 생겨난 것이리라. 그렇다면 몸이 회복되면서 색에 대한 탐구도 다른 방향으로 진행되었을 거라 짐작해볼 수 있다. 그 현황들을 이번 시집에서 확인한다. 그는 "칼칼한 연둣빛"(「연둣빛 덩어리」)과 "두근거리는 흰빛"(「흰 꽃의 극락」)과 "고요한 분홍"(「분홍을 기리다」)에 대해 말했고, 아래와 같이 초록에 대해서도 말했다.

초록이 검은색과 본질적으로 같은 색이라는 걸 알게 된 것이 언제였을까
　검은색의 유현함에 사로잡혀 이리저리 검은색 지명을 찾아 떠돌던 한때 초록은
　그저 내게 밝음 쪽으로 기울어진 어스름이거나 환희의 다른 이름일 뿐이었는데

　한 그루 나무가 일구어내는 그림자와 빛의 동선과 보름 주기로 달라지는 나뭇잎의 섬세한 음영을 통해
　초록에 천착하게 된 것은 검은색의 탐구 뒤에 온, 어쩌면 검은색을 통해 들어간 또 다른 방
　그 방에서 초록 물이 들지 않고도 여러 초록을 분별할 수 있었던 건 통증이 조금씩 줄어들었기 때문
　　　　　　　　　　—「초록을 말하다」 부분

　검은색에 대한 탐구가 얼추 마무리될 무렵 시인은 검은색이라는 문을 통해 초록색이라는 방으로 들어가게 되었다. 애초 그에게 초록이란 그저 "밝음"이거나 "환희"일 따름이어서, 그윽한 '현'의 세계에 빠져 있을 당시의 그는 초록에 눈길을 주지 않았다. 그러던 그가 초록에 대한 천착을 시작했다는 것은 어쩌면 건강이 회복되었다는 증거일 것이다. 혹은 반대로, 시의 뒷부분에 밝히고 있듯이, 초록에 대한 공부가 건강의 원인이 되기도 했으리라. 이런 과

정 중에 시인은 초록에도 여러 층위가 있다는 것을 발견하여 그 세계 속으로 진입해 들어갔고 마침내 "더 갈데없는 미세한 초록"(같은 시)과 조우하게 되었는데, 의외로 그 조우의 결과 초록색의 본질이 검은색의 그것과 다르지 않다는 것을 깨닫게 된다. 어떤 면에서 다르지 않다는 것일까. 얼핏 초록색은 검은색과 꽤 멀리 떨어져 있지 않은가. 그것은 이를테면 건강한 몸과 아픈 몸의 차이와도 흡사한 것이 아닌가. 그러나 이것은 너무 단순한 논리에 근거한 반문이다.

앞에서 이 시인의 검은색이 '묵' 혹은 '현'에 가까운 것이라고 적었는데, '묵'과 '현'을 유일한 색으로 받아들이는 수묵화의 세계는, 천지자연을 가득 채우고 있는 초록색조차도 어째서 '묵'과 '현'으로 표현될 수 있는 것인지를 납득하지 못하는 이에게는 열리지 않는다. 그것을 납득한다는 것, 그러니까 초록을 포함한 세상의 모든 색이 사실은 '묵'과 '현' 속에 이미 자리 잡고 있다는 사실을 어느 순간 직관적으로 깨닫는다는 것은 굉장한 일이 아닐까. 그렇다면 "초록이 검은색과 본질적으로 같은 색이라는 걸 알게" 되었다는 이 시인의 고백을 이렇게 이해해볼 수 있을 것이다. 일차적으로는 초록의 비밀을 비로소 엿보았다는 말이겠지만, 초록마저 포용하고 마는 '묵'과 '현'의 저 깊이와 넓이를 이제야 온전히 알게 되었다는 뜻이기도 하다고 말이다.

色에 대한 학습에서 벗어난 지 얼마 되지 않았는데 아무래
도 피는 붉어야 하지 않겠느냐며 당신은 내게 자꾸 충고한다
　　내가 맛본 강력한 피의 기억은 분명한 검은색,

　　〔……〕

　　당신의 피는 변함없이 차갑고 어두운 붉은색이어서 안전
하겠지만
　　커다란 얼룩 때문에 내 몸은 천천히 어두워지고 있다
　　나도 한때 다른 色의 상처를 가졌던 적이 있다
　　　　　　　　　　　　　　　　　　　——「얼룩」 부분

　　앞의 시에서 이 시인은 "초록은 또 어떤 색으로 들어가
는 문을 살며시 열어줄 건지"(「초록을 말하다」)를 기대했
고 그 때문에 우리는 색에 대한 이 시인의 탐구가 앞으로
도 계속될 것이라고 믿게 되었는데, 위의 시에서는 어쩐
일인지 "색에 대한 학습"에서 이제는 벗어났다고 적고 있
으니 어찌된 일인가. 앞으로도 그는 다른 색과 만나겠지만
그것은 결국 검은색의 깊이에 더 접근하는 일이 될 수 있
을 것이고, 그럴 것이라는 사실을 그는 이제 알게 된 것이
니, '색에 대한 학습'이 이제는 일단락되었다고 한들 오만
이겠는가. 그는 아픈 몸에만 주어지는 예민한 통찰력과 그

아픔에서 빠져나오기 시작한 '회복기의 환자'(니체) 특유의 싱싱한 감각으로 동아시아 예술 미학의 한 본질을 (나처럼 서적을 뒤져서가 아니라, 순전히 몸의 감각으로) 이해하는 데 성공한 것처럼 보인다.

색을 보는 눈이 깊어지면 음을 듣는 귀도 활짝 열리나 보다. 활짝 열리다 못해, 음조차 눈으로 보는 경지가 펼쳐진다. 색과 음이 은밀하게 교섭하고 있다는 (나로서는 따라잡기 어렵다고 실토하지 않을 수 없는) 깨달음에 이른 것도 이번 시집의 한 성취다. 물론 한국시 사에서 전례가 없는 일이라고 할 수는 없고, 무엇보다도 이 시인의 옛 시들에서도 이미 그런 면모가 없지 않았으나, 이번 시집에서는 색과 음의 상호 교섭 현상이 별로 특별할 것도 없다는 듯이 능란하게 이루어진다. 앞서 인용한 시 「초록을 말하다」에서 이미 그는 초록의 깊은 곳으로 들어가기 위해서는 "눈을 감고 색의 채도나 명도가 아닌 초록의 극세한 소리로 분별해야 한다"고 적었다. 사례는 더 있다.

　　흑탄처럼 검어진 우람한 벚나무를 바라보고 있으면 숲에서 사라진 모든 소리의 중심에는 그 검은빛이 은밀히 관여하고 있음을 알게 된다　　　　　　──「소리의 거처」 부분

　　물소리가 최대치로 밝아올 때 내 귀가 틔었다
　　소리에도 빛과 어둠이 있다는 걸, 그늘이 있다는 걸 알게

되었을 때 빛과 어둠이 교차하는 지점에서

  물소리는 몸의 실핏줄을 통과해 다른 음색과 리듬으로 미묘하게 바뀐다
  내 게으른 궁리가 마침내 저 물소리의 음영화법을 파악하게 되었을 때 ——「물소리에 관한 소고」 부분

앞의 시에서 그는 비 내리는 숲의 물소리가 눈앞에 펼쳐놓는 검은빛에 대해 말했고, 뒤의 시에서는 한 걸음 더 나아가 물소리에 나타나는 빛과 어둠의 교차 현상을 말했다. 이 현상에 시인은 "물소리의 음영화법"이라는 멋진 이름을 선사했다. 시각적인 것과 청각적인 것을 동시에 감각하는 특이한 현상을 공감각(共感覺, synesthesia)이라 부른다는 것쯤이야 이미 알고 있었지만, 또 특정 알파벳 모음에 하나씩의 색깔을 부여한 랭보의 사례나, 음악을 듣고 이것을 그림으로 표현한 칸딘스키의 사례도 들어 알고는 있었지만, 이런 공감각을 태생적으로 부여받은 것이 아니라, 이 시인의 경우처럼 "게으른 궁리"로 "마침내" 그런 미학적 기예에 도달한 사례는 드물 것이라고 생각한다. 이렇게 된 존재를 뭐라고 불러야 할까.

미학적 인간의 보람과 아픔을 지나

　나는 북쪽을 선호한다
　한 가지 色에 깊이 들어앉은 다른 색을 발굴하기까지의 기나긴 과정에 대해 누군가에게 설명하는 일은 가능할까
　　나약한 존재를 자극하는 섬세한 색의 변화를,
　　그 미묘한 느낌의 일렁임을

　문장은, 너를 낚아채고야 말았구나
　너를 지탱해주고 변화시키고 다른 세계로
　한 걸음 내딛게 하는 순간들
　한 번 겪고 나면 다시 이전으로 돌아가지 못하는 그 자리를
　　　　　　——「미학적 인간에 대한 이해」 부분

　"나"는 "묵은 황금빛"으로 가득한 북쪽을 바라보고 있다. 풍경의 비밀이 그쪽에 있다고 믿기 때문이다. 북쪽을 바라보며 무엇을 하는가? 색에 대한 학습의 결과를 독자에게 온전히 전달하는 일이 가능할까 회의하면서도, 도리 없이 문장으로 이것을 낚아채고 마는 자신의 운명을 쓸쓸한 눈으로 들여다보고 있다. 때로는 꿈속에서도 풍경의 색깔을 고민하고 때로는 글자 하나에 운명을 걸게도 되는 그 삶의 고뇌를 시인은 시의 후반부에서 '퇴고(推敲)의 고사'

로 유명한 시인 가도(賈島)의 그것에 빗대었다. 이 시의 제목을 '나는 누구인가?'로 바꿔도 무리가 없을 것이다. 그리고 이 물음에 시인 자신이 '미학적 인간'이라는 답을 제시했다고 봐도 틀리지 않을 것이다. 그럼 이것으로 된 것일까?

    그는 나를 그의 글 앞에 아주 오래 세워두고 마음껏 어떤 알 수 없는 고통과 희열에 열중하게 했다 그날 이후 서화를 보거나 한가하게 혼자 앉아 있을 적이면 사내의 글과 그림보다 그의 내면에 소용돌이치며 지나갔을 어떤 물결이나 바람 같은 것이 더 궁금하였다

    매화와 사내의 글씨가 인쇄된 천으로 된 커다란 가방을 두해 가까이 방의 벽에 걸어두고 보았지만 그 사내에 대한 쓸데없는 기록을 알게 되는 것이 두려워 그에 대한 궁금증이 깊어가도 애써 알아보지 않은 점 돌이켜보니 괴이하다
                                               ―「불안의 운필법」부분

이 시는 북송(北宋) 8대 황제 휘종(徽宗)에게 바쳐졌다. 아름다울 '휘'를 제 이름으로 가진 황제답게 시문과 서화에 능해 '풍류천자'라 불렸으나, 정치적으로는 북송의 멸망을 초래한 무능한 존재였다 한다. 그러니 어떤 의미에서는 이 인물 역시 '미학적 인간'이라 할 만하다. 그러나

이런 느슨한 결론에 도달하기 위해 이 시를 들여다본 것이 아니다. 이 인물을 바라보는 시인의 태도가 흥미로워서다. 그는 황제의 "내면에 소용돌이치며 지나갔을 물결이나 바람" 같은 것을 궁금해하면서도 단서가 될 만한 사항들을 "쓸데없는 기록"이라 치부하며 피한다. 시인이 스쳐가듯 한 말이지만 바로 이 대목에서 '미학적 인간'의 본질을 하나 더 끌어낼 수 있지 않을까. 아름다움에 몰두하는 것 정도로 미학적 인간일 수는 없다. 이렇게 아름다움 외에는 아무것도 알고 싶어 하지 않는 인간쯤은 되어야 미학적 인간이다,라고. 다시, 이것으로 된 것일까?

아니, 더 은밀한 진실 하나가 숨어 있다. 스스로 "괴이하다" 여긴, 휘종의 내면을 들여다보는 일에 대한 그 거부감의 정체는 무엇일까. 어쩌면 '알고 싶지 않다'는 것은 '알려주고 싶지 않다'는 것일 수 있다. 내가 너에게 아무것도 알려주고 싶지 않을 때 나는 너에 대해서도 아무것도 알고 싶지 않은 것이다. 이 시인은 아름다움 외에는 아무것도 알고 싶어 하지 않는 사람이기만 한 것이 아니라, 자기 자신에 대해 아무것도 알려주고 싶어 하지 않는 사람이기도 한 것 같다. 우리의 시인이 이 두 조건을 모두 충족시키는 '미학적 인간'인 것이 맞다면, 그는 자신이 휘종의 글과 그림을 본 방식으로, 독자들도 그렇게 자신의 시를 읽어주기를 바랄 것이다. 이 시인의 내면에도 "물결이나 바람" 같은 것이 있을 테지만 그는 대다수의 시에서 그것들에 관해 자세히 말하지 않는다.

이런 식으로 보기 시작하면, 예컨대 그의 시에서는 드물지 않은 이런 유형의 구절도 새삼 예사롭지 않게 보인다. "늦은 사랑의 깨달음 같은, 폭우와 초록과 검은색의 뒤엉킴이 한꺼번에 찾아드는 우기의 이른 아침."(「초록을 말하다」) 그는 흔히들 그러듯이 사랑의 아픔을 잘 말하기 위해 풍경을 동원한 것이 아니라 그 반대의 일을 했다. 그는 색깔의 신비를 더 잘 말하기 위해 사랑의 아픔조차 한낱 보조관념으로 동원하는 사람이다. 내면의 물결이나 바람 따위는 이런 식으로 풍경 뒤에 숨는다. 정신분석학에 익숙한 독자라면 여기서 (이 개념이 여전히 모호하고 불완전한 것으로 남아 있기는 하지만) '승화'라는 메커니즘을 떠올릴 수도 있을 것이다. 그러나 승화에서 그 결과(작품)만큼이나 흥미로운 것은 과정(창작)이다. 그것은 자발적인 과정일까 아니면 내적 강요의 산물일까.

어느 편이냐 하면, 나는 완전한 승화의 인간이 존재한다고 생각할 수가 없다. 설사 그렇게 된다 한들 그런 존재가 얻게 될 행복의 실질을 의심한다. 그리고 더 나아가서 생각해보는 것이다. 한 시인의 진실은 그가 갈망하는 경지에 있는 것이 아니라, 거꾸로 그가 그 경지에 도달함으로써 벗어나려 한 것들, 혹은 그가 그 경지에 도달하기 위해 희생해야 했던 것들에 있을지도 모른다고. 어떤 것이 있다는 것은 다른 어떤 것이 없다는 것이다. 어떤 무언가가 초지일관 있고 다른 무언가가 과도하게 없는 텍스트가 있을 때 그 텍스트의 진실은 어디에 있는 것인가. 그러므로 조용미의 시에 풍경이 있다고만 말해서는 안 된다. 그의 시에는 이상하게 '너무 없는' 것들이 있다. 그의 시에는 연인, 가족, 혹은 그 밖의 타인들이 거의 등장하지 않는다. '너' 혹은 '당신'이라는 2인칭으로 가끔 등장하는 인물조차 '지금은 여기에 없는' 존재로서만 등장한다. 그의 세계는 어째서 이토록 완강한 무인지경의 세계인 것일까.

> 사실 욕망을 제어하는 장치를 나는 가지고 있습니다
> 그것이 내 몸이란 것을
> 아직 누구에게도 말해본 적 없습니다 　—「몸」② 부분

> 나는 나의 욕망을 다스리는 法을 다시 연구해야겠다 그래서 이 더럽혀진 세상에서 나를 구출해내야겠다
> 　　　　　　　　　　—「푸른 창문들」③ 부분

그는 오래전에 이미 이렇게 적었다. 앞의 시를 보니 역시 문제는 병이었던 것 같다. 아픈 몸은 그 아픔 때문에 모든 욕망을 잊게 만드는, "욕망을 제어하는 장치"였던 것이다. 그렇다 하더라도 어째서 그리움조차 이토록 희미해야 하는 것일까. 뒤의 시를 보니 몸만이 아니라 마음까지 그 일에 협동했던 것 같다. 그는 세상에서 자신을 구출하

기 위해서는 "욕망을 다스리는 法"을 연구해야만 한다고 결의하듯 적었다. 이런 문장은 돌이킬 수 없을 정도로 깊이 상처받은 자들의 것이다. 제가 받은 상처에 자신도 책임이 있다는 사실을 인정하기가 괴로운 자들의 것이다. 오래전에 그 어떤 사건(들)이 있었기 때문에 그는 1인칭도 2인칭도 없는 풍경의 세계로 잠입했을 것이다. 그러나 어떤 없는 것들도 완전히 없을 수는 없으므로 우리 앞에는 이렇게 몇 편의 시가 놓여 있다. 먼저 1인칭의 경우.

창밖 풍경은 보이지 않고 갑자기 얼굴을 들여다보아야 할 때가 있다
기차가 터널을 지난다

[......]

기차는 자꾸 터널을 지난다 반대편에서 누군가 수십 개의 내 얼굴을 바라본다
창밖엔 규정되지 않은 풍경들이 줄지어 서 있다
——「터널」부분

그의 시에는 거울이 나오지 않는다. '나'에 대해 말하고 싶어 하지 않기 때문이다. 그가 "내 얼굴"을 바라보는 드문 일은 이렇게 예외적인 순간에, 기차가 터널을 지나느라

풍경이 암전되고 차창에 내 얼굴이 비치는 그 순간에, 본의 아니게 일어난다. 그러면 "정체를 알 수 없는 한 묶음의 서러움과/소량의 모멸감과/발설할 수 없는 비애가 한 톤" 나타나고 마는 것이다. 이 순간이 그는 불편하다. 그래서 "알 수 없는" "소량의" "발설할 수 없는" 같은 표현들이 그 무슨 자기 방어처럼 따라 나왔을 것이다. 풍경이 시야에서 사라지는 순간 이런 기습이 일어나고 그가 자신을 들여다볼 동안 풍경은 "규정되지 않은 풍경"으로 방치된다. 이 관계가 흥미롭다. 풍경이 드러나면 상처가 숨고 상처가 드러나면 풍경이 숨는다. 이 구조를 명확히 보여주기 위해서 시의 처음과 끝만 옮겨 적었다. 다음은 2인칭의 경우.

마늘과 꿀을 유리병 속에 넣어 가두어두었다 두 해가 지나도록 깜빡 잊었다 한 숟가락 뜨니 마늘도 꿀도 아니다 마늘이고 꿀이다

당신도 저렇게 오래 내 속에 갇혀 있었으니 형과 질이 변했겠다

[……]

또 한 숟가락 나의 손과 발을 따뜻하게 해줄 마늘꿀절임

같은 당신을,　　　　　　　　　　—「가을밤」부분

　그의 시에 가끔 '당신'이라는 2인칭 대명사가 등장할 때 거기에는 거의 실체감이 없다. 그 이유를 이 시는 짐작할 수 있게 한다. '당신'은 세상의 거리에서 나와 만나고 헤어지는 살아 있는 대상이 아니라 "오래 내 속에 갇혀" 있을 뿐인 대상이다. 한 정신분석학파는 이렇게 잃어버린 대상에 대한 애도를 끝내지 못한 주체가 그 대상을 자기 안의 납골당에 안치하는 경우를 일러 '합체incorporation'라 부르기도 하는데(Nicolas Abraham and Maria Torok, *The Shell and the Kernel*, The University of Chicago Press, 1994, ch.5.), 이 시의 묘미는 그런 당신과 내가 맺고 있는 관계에 있다. 마지막 행에서 "또 한 숟가락"이라는 목적어 다음에는 '뜬다'라는 서술어가 생략돼 있을 것이다. 당신은 내 안에 있고, 나는 그런 당신을 떠먹는데, 그것들은 내 몸으로 들어가 다시 당신이 된다. 이 순환 구조는 아프다. 오래전에 단 하나의 당신이 있었고, 나는 여태 그 당신만을 먹고살아왔을 뿐, 그 이후에는 그 어떤 당신도 내 삶에는 없다. 그러니 이 시를 읽고 당신이 내 안에 갇혀 있다고만 말해서는 안 된다. 나도 내 안에 있는 당신에게 갇혀 있다.
　이런 식이다. 역설적이게도, 나를 말하지 않는 데 실패할 때만 '나'가 등장하고, 더 이상 어떤 '당신들'도 없다는 사실을 알려주기 위해서만 오래전의 유일한 당신이 등장한다. 그러니 그가 풍경을 노래한다고만 말해서는 안 된다. 어쩌면 그는, 나와 당신을 말하지 않기 위해, 그러니까 그 어떤 오래된 상처와 다시 대면하지 않기 위해 풍경을 노래하는 것일지도 모른다. 무언가를 얻었다는 것은 다른 무언가를 잃었다는 것이다. 어떤 시를 읽을 때 이 시인이 무엇을 포기하고 이런 시를 얻었는지를 물어야 한다. 그는 풍경(색과 음)의 탁월한 해석자이지만 그의 예술적 성취는 어쩌면 '나'를 버리고 '너'를 잃어서 얻은 것인지도 모른다. 이것이 미학적 인간의 보람이고 아픔이다. 그런데 보람과 아픔의 길 너머에 또 다른 길이 하나 있다.

기억과 반복의 존재론을 향하여

그 길은 보람을 앞세우면서 아픔을 뒤에 감추는 길이 아니라 아픔을 그 자체로 긍정하는 길이다. 너를 잃어서 아름다움을 얻었다고 말하는 길이 아니라 너를 잃은 이 삶이 그 자체로 아름답다고 말하는 길이다. 가능하기는 한 일일까? '기억'과 '반복'이라는 주제를 천착하고 있는 시들이 다음과 같은 질문을 던지면서 해내고 있는 일이 바로 그와 같은 긍정이다. 왜 한 번 일어난 일은 사라지지 않고 기억되는가? 또 왜 그 일은 다시 반복되는가? 이 시집 전체의 서시가 되는 「가을밤」에서, 내 안에 갇혀 있는 당신의 '기억'을 내가 '반복'해서 떠먹는 장면을 통해 이미 예고된, 이번 시집을 이끌고 가는 가장 간절한 물음들이 바로 이것들이다. 먼저 기억에 대해서.

> 기억은 지구를 반 넘어 채우고 있습니다 지구는 기억의 출렁이는 파란 별, 지구는 기억이 파도치는 행성, 지구의 정체는 바로 인간의 기억입니다 빙산이 녹아 해마다 기억의 수위가 높아집니다 기억이 뛰어오르거나 넘쳐나는 것을 막기 위해 강에는 얼음이 덮이지요
>
> 〔……〕
>
> 그러나 지구 전체의 기억은 많지만 우리가 쓸 수 있는 기억은 극히 적다는 사실을 알아야 합니다 기억의 행성 지구는 사실 기억이 얼마 남지 않았지요 그 견고한 기억도 대기 속에 사라지고 신성한 지구만 우주의 기억 속에 남게 될 날도 머지않았습니다 지구는 결국 변형된 기억으로 남게 된다는 것을 어쩌면 우리는 아주 모르고 싶은지요
> ─「기억의 행성」 부분

이번 시집의 표제작인 위의 시는 지구를 뒤덮고 있는 그 많은 물이 전부 기억이라고 주장해서 읽는 이를 놀라게 한

다. 기억은 얼고 녹고 증발하고 내린다. 어떤 경우에건 우리의 삶을 떠나는 법이 없다. 이 유비는 니체가 『권력에의 의지』의 마지막 절에서 세계를 '힘들이 파도치는 대양(大洋)'에 비유한 사례를 떠올리게 한다. 그 철학자는 이 세계의 구성 요소가 원자가 아니라 힘Macht이라고 말했고 우리의 시인은 이 세계를 뒤덮고 있는 것이 기억이라고 말한다. 시인은 한 걸음 더 나아가 기억을 "지구에서 가장 풍부한 자원"이라고 말하면서 '물=기억'의 유비에다 '기억=자원'이라는 유비를 덧입히는데, 그로부터 지구가 곧 기억-자원 고갈 상태에 빠질 것이라는 수수께끼 같은 진단을 내린다. 무슨 뜻일까? 이 시에는 행복한 기억과 고통스러운 기억이 구별돼 있지 않다. 전자가 삶의 자원이라는 것은 말할 것도 없다. 그런데 후자 역시 우리를 살아가게 하는 힘일 수 있다는 얘기일까?

이 물음에 대한 답은 이 글의 끝에서나 찾아질 수 있을지 모른다. 그러기 위해서는 먼저 기억과 반복의 관계를 먼저 살펴야 할 것이다. 어떤 주체는 고통스러운 상황을 스스로 반복한다. 이 사실을 처음으로 발견하고 거기에 '반복강박'이라는 이름을 붙여준 것은 『쾌락원칙을 넘어서』를 쓸 무렵의 프로이트였다. 그 기이한 반복에서 '죽음충동'이라는 결정적인 개념이 도출될 수 있었다는 사실은 잘 알려져 있다. 한 번 일어난 일이, 그것이 아프고 어리석고 고통스러운 일일수록, 또 그 일의 심오한 본질을 우리가 잘 이해하지 못하면 못할수록 더 잘 반복된다는 사실은 우리 인간의 쓸쓸한 숙명이다. 이 지구라는 '기억의 행성'은 달리 보면 '반복의 행성'이기도 한 셈이다. 그래서 이런 구절이 탄생했을 것이다.

> 왜 모든 것은 반복되는 것일까 왜 모든 감각은 죽었다가도 다시 살아나는 것일까 이 별의 모든 것들은 왜 끊임없이 사라졌다 다시 나타나는 걸까 반복되는 삶이 지루하지 않고 무시무시하다
> ―「墨白」 부분

이 별은 반복의 행성이어서 이 별에서의 삶은 무시무시하다. 반복의 이 '무시무시함'에 대해서 이 시인은 지난 시집에서 이미 한 편의 시를 보여준 적이 있다. 에릭 사티 Erik Satie가 작곡한 피아노 독주곡 「벡사시옹·vexation, 괴롭힘」은 간단한 기본 멜로디를 840번 반복 연주하도록 돼 있는 특이한 형식으로 유명한데, 완주에 13시간이 넘게 걸리는 이 곡은, 연주하는 이에게나 듣는 이에게나, 반복들로 이루어지는 삶의 무시무시함을 극단적으로 실감하게 한다. 그래서 이 곡에서 착안한 시 「악몽―백사시옹」 ④에서 시인은 "죽도록 되풀이해야 하는 악보 위의 음표 같은 생은 도대체 누구의 것일까"라고 적었을 것이다. 그러나 이마저도 윤회라는 관념에 비하면 오히려 견딜만한 것인지도 모른다. 전생의 업(業, karma)이 현생을, 현생

의 업이 후생을 규정하는 방식으로 생은 무한히 반복된다고 그 교리는 말한다. 그 반복의 고리를 끊는 것을 목표로 삼는 이 종교/철학의 관념 체계를 우리의 시인이 받아들인 것은 자연스러운 일일 것이다.

인간은 반복되는 존재다, 라고 말해도 겸손을 위장할 수 있을까 어느 생에선가 내가 살아낸 적 있는 삶을 당신이 지금 왜 똑같이 살아내고 있는지 알 수 없다 가장 무서운 형벌은 반복을 반복하는 것

오래전 내가 살았던 삶은 지금의 삶과 너무 다르지만 결국 같은 것을, 당신과 내가 다음 생에도 무언가 이상한 일을 반복하리라는 것을, 그러기 위해 꼭 다시 태어나야 한다는 것을
―「黑白」부분

나는 당신의 전생으로 갑니다
우리는 어느 별에선가 또다시 만나게 되겠지요
―「하늘의 무늬」부분

이 시들의 특별한 점은 윤회의 교설을 시적으로 전유하는 독특한 방식에 있다. 이 시인이 붙들려 있는 윤회의 고리에서 반복되는 것은 나만의 생이 아니라 당신의 생이기도 하다. 그러니까 두 항(項)이 각자 반복을 거듭한다. 그

것이 다가 아니다. 두 항은 상대방의 자리를 한 박자씩 어긋나게 점유하면서 서로 교차한다. "내가 살아낸 적 있는 삶을 당신이 […] 똑같이 살아내고" 있고, 또 "나는 당신의 전생으로" 가서 당신이 살아낸 적 있는 삶을 다시 산다. 이 모든 것은 나와 당신이 결국엔 다시 만나 못다 한 사랑을 나눌 수 있을 것이라는 간절한 희망의 반어적인 표현인 것일까? 시인 자신이 "우리는 어느 별에선가 또다시 만나게 되겠지요"라고 썼으니까? 그러나 이것은 시인의 마지막 말이 아니다. 저 말을 결론으로 삼는 순간 이 시인의 반복에 대한 성찰은 중단되고 말 것이다. 그는 아래 시에서 좀 다른 말을, 더 깊은 울림을 동반하는 말을 들려준다.

> 헛되이 나는 너의 얼굴을 보려 수많은 생을 헤매었다
> 거듭 태어나 너를 사랑하는 일은 괴로웠다
>
> […]
>
> 저 멀구슬나무나 담팔수, 먼나무가 당신과 아무 상관없다고 확신할 수 없는 이 생이다
> 너에게 너무 가까이도 멀리도 가지 않으려고
>
> 헛되이 나는, 이 먼 곳까지 왔다 ─「헛되이 나는」 부분

당신과 나의 만남은 사로스 주기와 비슷해서 이 생에 한 번 더 있을지 모르겠다 어느 먼 우주에서의 조우처럼 한순간의 스침을 생의 증표로 기꺼이 받아 몸에 화인처럼 새겨두고 들여다보는 일은,

무언가 돌이킬 수 없는 운명적인 겹침이 생길지도 모른다는 불안을 너는 잘 견뎌내었다 물리적으로 먼 거리는 때로 심정적으로 가까운 거리가 되기도 한다는 것을

그들에게 어떤 일이 일어나는지 달은 지구의 주위를 빙빙 돌며 지켜보았다 아무 일도 일어나지 않았지만 아무 일도 일어나지 않기 위해 고투하는 그들의 모습이 약간은 아름다웠다
——「일식의 주기」 부분

만날 수 없음을 안타까워하면서 반복의 희소성을 탄식하는 시로 읽힐 수 있고 그렇게 읽어도 충분히 아름답지만 그것은 너무 단순한 읽기다. 앞의 시에서 시인은 "수많은 생"을 윤회전생하는 일은 당신과의 만남을 위한 것이 아니라 가깝지도 멀지도 않은 거리를 유지하기 위한 것이라고 말한다. 뒤의 시에서는 그 거리를 지구와 태양의 거리에 빗댄다. 일식이 일어날 때 달은, 지구(나)와 태양(당신) 사이에서, 지구와 태양 사이에 무슨 일이 벌어지는지 관찰

한다는 것. 그리고 이어지는 대목에서 시인은 일식의 순간 달의 시선에서 지구와 태양을 본 소감을 이렇게 적는다. "아무 일도 일어나지 않기 위해 고투하는 그들의 모습이 약간은 아름다웠다." 아무 일도 일어나지 않았다는 것은 결국 너무 가깝지도 너무 멀지도 않은 거리를 유지했다는 뜻이리라. 그렇다면 결국 만나지 말아야 한다는 뜻인가. 만나지 못한 그 모습이 아름답다고 적는 시인의 마음은 어떤 것일까.

한때의 만남이 있었고 그 이후의 영원한 이별이 있었다. 그 행복과 불행의 기억은 지구를 뒤덮고 있는 물처럼 이 '기억의 행성' 위를 출렁거린다. 그렇게 그들은 완전히 만날 수도 또 완전히 헤어질 수도 없다. "어느 먼 우주에서의 조우처럼 한순간의 스침을 생의 증표로 기꺼이 받아 몸에 화인처럼 새겨두고 들여다보는 일"이 그와 같을 것이다. 하루에도 열두 번씩 만남과 헤어짐을 반복하는 일일 것이고, 나와 당신이 죽었다 살아나고 다시 죽는 일의 반복일 것이다. 이 고통을 온전히 표현할 수 있는 상상력은 하나뿐이다. 당신과 내가 윤회전생을 거듭하며 무수한 생을 방황한다는 상상, 게다가 그 방황은 당신의 전생이 나의 현생이고 나의 전생이 당신의 현생인 그런 방황일 것이라는 상상. 그리고 이 시인의 아픈 마지막 말은 이렇다. 계속 그러자는 것, 너무 멀지도 가깝지도 않은 거리를 두고, 그렇게 생을 되풀이하자는 것.

이 놀라운 결론의 의미를 조금 더 음미해보자. 앞에서 시인은 "반복되는 삶이 지루하지 않고 무시무시하다"고 했다. 또 "거듭 태어나 너를 사랑하는 일은 괴로웠다"고도 했다. 여기에서 한 걸음 더 나아갈 수 없을까. 그러니까 특정 체험의 '무시무시한' 반복(정신분석학)에서 더 나아가 생 그 자체의 '괴로운' 반복(불교)에까지 생각이 미쳤다면, 이제는 나와 나를 둘러싼 이 시공간 전체의 반복을 사유하는 일도 가능하지 않을까? 내가 살았던 삶 혹은 살고 있는 삶이 언젠가 그대로 다시 반복된다면? 반복에 대한 사유를 이 층위에까지 끌어올린 것은 니체였다. 그러니까 "일체의 고통과 기쁨, 일체의 사념과 탄식, 너의 생애의 일일이 열거하기 어려운 크고 작은 일들"이, "모조리 그대로의 순서로 되돌아오는" 일이 발생한다면? "이 거미도, 나무 사이의 월광도, 지금의 이 순간까지도, 그리고 나 자신도."(니체, 『즐거운 지식』, 권영숙 옮김, 청하, 1989, p. 284)

그와 같은 반복을 지칭하기 위해 니체가 도입한 용어는 물론 '영원회귀'다. 이 세계를 구성하는 힘의 양이 제한돼 있고 시간이 무한하다면 언젠가는 동일한 조합이 다시 생겨날 수밖에 없으므로 결국 이 세계가 지금 모습 그대로 되풀이 될 수 있다는 주장으로 이 이론을 이해하는 이들도 있지만(우주론적 해석), 오늘날 많은 주석가들은 우주론적인 견지에서 영원회귀가 실제로 가능한 것인지를 따지는 일보다는 영원회귀가 가능하다는 믿음이 윤리적으로 어떤 의미를 갖는가를 묻는 것이 이 이론의 본의라고 주장한다(실존론적 해석). 그래서 후자의 해석은 이 이론의 핵심이 다음과 같은 질문의 형식으로만 제대로 드러난다고 본다. "네가 지금까지 살아왔고 현재 살고 있는 생을 다시 한 번, 더 나아가 수없이 몇 번이고 되살아야만 한다. 〔……〕 너는 이것이 다시 한 번 혹은 수없이 계속 반복되기를 원하느냐?"(같은 책, p. 285)

이 물음에 어떻게 답할 것인가 하는 문제는 삶을 어떤 태도로 살아갈 것인가 하는 문제와 연결돼 있다. 저 물음에 '예'라고 답할 수 있을까? 만약 그렇다면 대답은 두 단계로 진행되어야 한다. 우리의 시인의 표현을 빌리자면, 이 별은 '기억의 행성'이면서 동시에 '반복의 행성'이기 때문이다. 먼저 살아온 삶을 긍정해야 하고(기억의 긍정), 도래할 삶을 긍정해야 한다(반복의 긍정). 전자는 "일체의 '그랬었다'를 '나는 그렇게 되기를 원했다'로 전환시키는 것"(니체, 『차라투스트라는 이렇게 말했다』, 정동호 옮김, 책세상, 2000, p. 231)이고, 후자는 "좋다! 그렇다면 다시 한 번!"이라고 말하는 것이다.(같은 책, pp. 256~57) 이러한 긍정을 위해서는 얼마만한 용기가 필요한 것일까. 잘 알려진 니체의 논변을 되풀이한 것은, 첫째, 반복 자체보다는 반복을 받아들이는 태도가 더 중요하다는 것을 강조하기 위해서이고, 둘째, 우리가 마지막으로 읽을 시에서 시인이 반복을 받아들이는 방식을 충분히 음미하기 위한 준비를 하기 위해서이기도 하다. 시인은 지금 전라남도 화순의 '적벽'에 와 있다.

    당신도 한동안 적벽의 풍경을 몸 안에서 구하였던 것은 아니겠지요 어느 생에선가 미묘란 무엇이냐 물었더니 당신은, 바람이 물소리를 베갯머리에 실어다주고 달이 산 그림자를 잠자리로 옮겨준다* 말했습니다 여러 생을 통과하면서 혹 미묘가 맑아져 표묘가 되기도 하였는지요

    찬연함이 얇아져 처연함이 되는지 나는 이 시간에 오롯이 놓여 적벽에 쓸쓸히 물어봅니다 내 몸을 입고 나온 어떤 이도 적벽 흐르는 강물 바라보며 미묘와 표묘를 아득한 눈빛으로 중얼거리게 되는지요 수수만년 전 적벽을 보았던 게 누구인지 이제는 알 수 없게 되어버렸습니다

    어느 생에선가 나는 다시 적벽 와야 하겠지요 흐르는 구름과 적벽에 물드는 단풍을 바라보며 오래 거듭되는 幻의 끝을 물으며 서 있어야겠지요 후생의 어디쯤에서 나는 나를 알 수 있을까요 풍문도 습관도 회한도 아닌 한 사람의 지극한 삶을, 향기와 음악처럼 두루 표묘하여 잡을 수도 알 수도 없는 간결한 한 생을 말입니다

* 『벽암록』에서 인용.   ——「적벽에 다시」 부분

이 시에서 이제 반복은 더 이상 무시무시하거나 괴로운 것이 아니다. 윤회의 어느 고리에서 만나 서로 주고받은 대화를 공안(公案)처럼 받아 안고, 자기 자신을, 더 나아가 생 그 자체를 이해하기 위해 담담히 고행하는 일이다. 공안은 두 가지다. 미묘(微妙)와 표묘(縹緲)는 어떻게 다른가. 사전에 전자는 '뚜렷하지 않고 야릇하고 묘하다'라고, 후자는 '끝없이 넓거나 멀어서 있는지 없는지 알 수 없을 만큼 어렴풋하다'라고 풀이돼 있으나 이는 요령부득일 뿐 그 말의 깊은 뜻을 실감하기 위해서는 앞으로도 몇 번의 생을 더 거듭해야 할 것이라는 게 시인의 생각인 듯 보인다. 찬연(燦然)함과 처연(悽然)함의 차이를 이해하는 일이 또한 그렇다. 전자를 '눈부시게 밝다, 영광스럽고 훌륭하다'라고, 후자를 '애달프고 구슬프다'라고 새겨본들 때로 찬연함이 처연함으로 바뀌는 까닭을 이해하기는 어렵다. 다만 이번 생에 와본 이 적벽에서 시인은 "미묘가 맑아져 표묘가" 되고 "찬연함이 얇아져 처연함이" 된다는 것만 어렴풋이 짐작할 뿐이다. 어쩌면 삶의 가장 깊은 비밀일지도 모를 그것들을 우리는 언제쯤에나 알게 될 것인가.

그래서 시인은 이렇게 적는다. "어느 생에선가 나는 다시 적벽 와야 하겠지요." 나는 당신의 몸으로, 당신은 나의 몸으로, 다시 무수히 생을 반복할 수밖에 없다는 생각이 뒤에 깔려 있을 것이다. 이 문장에서 반복은 탄핵되지 않고 긍정된다. 당신과 나의 어긋남과 그것의 무수한 반복은 그 무슨 저주나 천형이 아니다. 우리는 한 번의 삶만으로는 살고 사랑하고 헤어지고 죽는 일의 깊은 의미를 이해하지 못하는 것이어서, 어쩌면 그것을 이해할 수 있게 해줄지도 모를 그 반복은 차라리 축복이거나 선물이다. 이 시인의 '다시'는 정신분석학자나 승려나 니체의 그 '다시'와도 다르지 않은가. 이 긍정이 이번 시집에서 가장 높은 곳이라고 말하려 한다. 있다는 것은 없다는 것이고 얻었다는 것은 잃었다는 것이다. 있는 것과 얻은 것들로 이룩한 풍경의 시가 있고, 없는 것과 잃은 것들을 감추지 못한 상처의 시가 있다고 했다. 이것이 미학적 인간의 보람이자 아픔이라고 적었다. 그러나 적벽 앞에 서 있는 시인이 "다시"라고 말하는 이 순간에 저 인위적인 대립은 힘을 잃는다. 이 글이 멈추어야 할 곳은 여기쯤일 것이다.

*

한 번 눈앞을 지나고 나면 못내 그리워 살이 아파오는, 당신 같은 독이 많은 꽃이 저기 있소 푸른 산수국 같은 인연을 꿈꾸었지만 내 이렇게 당신을 잊기 위해 들판 가득 저것들을 키우고 있다오 이곳을 찾을 수는 없을 거요 그럼 내내 평안하시오 ——「양귀비를 기르다」 부분

돌이켜 보면 이 시인은 '아픈 몸의 현상학'에서 출발해 '색과 음의 해석학'을 거쳐 '기억과 반복의 존재론'에 이르렀다. 그러나 "풍문도 습관도 회환도 아닌 한 사람의 지극한 삶"(「적벽에 다시」)에 어떤 이름을 붙인들 가당할까. 그야말로 미묘하고 또 표묘하게 흘러가는 문장들이 기척 없이 쌓여가는 것을 지켜보노라면, 그 앞뒤 문맥을 미처 따져보기도 전에, 문득 찬연했다가 또 문득 처연해지는 것이 이 시인의 시들이다. 이 시인이 출간한 다섯 권의 시집을 따라 읽으면 미묘와 표묘의 경지에 들어가길 갈망하면서 찬연함과 처연함을 오가며 살아온 한 사람의 삶이 보이거나 들린다. 그 삶의 주인이 지금은 아무도 찾을 수 없는 곳에서 잊을 수 없는 한 사람을 잊기 위해 양귀비를 키우고 있을 것이라고 상상해보는 일은 말이 되는가 안 되는가. 이 삶의 주인이 이토록 아름다운 시를 쓰지 않았더라도 나는 그 삶을 아름답다 여겼을 것이다.